Colección LECTURAS DE ESPAÑOL

Lecturas de Español son historias interesantes, breves y llenas de información sobre la lengua y la cultura de España e Hispanoamérica. Con ellas puedes divertirte y al mismo tiempo aumentar tus conocimientos. Existen seis niveles de lecturas (elemental I y II, intermedio I y II y superior I y II), así que te resultará fácil seleccionar una historia adecuada para ti.

En *Lecturas de Español* encontrarás:

- temas e historias variadas y originales,
- notas de cultura y vocabulario,
- ejercicios interesantes sobre la gramática y las notas de cada lectura,
- la posibilidad de compartir tu lectura con otros estudiantes.

NIVEL INTERMEDIO - I

El cuento de mi vida

Coordinadores de la colección:
Abel A. Murcia Soriano (Instituto Cervantes. Varsovia)
José Luis Ocasar Ariza (Universidad Complutense de Madrid)

Autora del texto:
Beatriz Blanco

Explotación didáctica:
Raquel Horche Lahera
Abel A. Murcia Soriano
José Luis Ocasar Ariza

Maquetación:
Ana M.ª Gil Gómez

Ilustración:
Carlos Yllana

Diseño de cubierta:
David Prieto

Diseño de la colección:
Antonio Arias Manjarín

ISBN Lectura: 978-84-9848-124-2
Depósito Legal: M-378-2009

Editorial Edinumen
José Celestino Mutis, 4 - 28028 Madrid (España)
Teléfono: 91 308 51 42 / Fax: 91 319 93 09
E-mail: edinumen@edinumen.es

Imprime: Gráficas Glodami. Coslada (Madrid)

El cuento de mi vida

Beatriz Blanco

ANTES DE EMPEZAR A LEER

1. El título del libro es *El cuento de mi vida*. Ordena las letras para encontrar el título de cinco cuentos tradicionales.

C T P R A I U E C A   O A R J ....

B L N I V C N S E A A E ....

L E   A G O T   O C N   O A B S T ....

A L   E B A L L   Y   A L   T B S I E A ....

A B R B A   Z L A U ....

2. ¿Cuál era tu cuento preferido cuando eras pequeño? Intenta escribir un pequeño resumen.

....

....

....

3. *Mamá* es una forma cariñosa de llamar a la madre en el mundo hispánico, ¿recuerdas los nombres de los miembros de la familia?

a) La madre de mi madre es mi ....

b) El hijo de mi madre es mi ....

c) La hija de mi tío es mi ....

d) El hijo de mi hijo es mi ....

e) La madre de mi marido es mi ....

f) El marido de mi hija es mi ....

4. A continuación tienes el nombre de algunos personajes de cuento, relaciónalos con su descripción.

1. La Cenicienta	2. Ricitos de oro	3. Pulgarcito	4. Aladino	5. Shrek

☐ A. Es un niño tan pequeño que no supera el tamaño de un dedo.

☐ B. Es un joven muy apuesto.

C. Es un ogro grande y fuerte de color verde que tiene un gran corazón.
D. Es una muchacha muy bella.
E. Es una niña rubia con el pelo largo y rizado.

5. ¿De dónde son los siguientes personajes de cuento? Relaciona las dos columnas.

1. Peter Pan	A. Suiza
2. Alí Babá	B. Alemania
3. Heidi	C. Londres
4. Hansel y Gretel	D. América
5. Pocahontas	E. Arabia

6. Parte de la acción de esta historia transcurre en Venezuela. ¿Qué conoces de este país?

1. ¿Cuál es la isla más grande de Venezuela?
   - [ ] a) Isla de Margarita
   - [ ] b) Isla de Coche
   - [ ] c) Isla de Cubagua

2. ¿Cómo se llama el mar de Venezuela?
   - [ ] a) Mar Cantábrico
   - [ ] b) Mar Egeo
   - [ ] c) Mar Caribe

3. ¿Cómo se llama el actual presidente de Venezuela (2009)?
   - [ ] a) Álvaro Uribe
   - [ ] b) Hugo Chávez
   - [ ] c) Michelle Bachelet

4. ¿Dónde está Venezuela?
   - [ ] a) En América del Norte
   - [ ] b) En América del Sur
   - [ ] c) En América Central

5. ¿Cuál es la capital de Venezuela?
   - [ ] a) Caracas
   - [ ] b) Bogotá
   - [ ] c) San Juan

7. Ya tienes alguna información sobre el libro que tienes en tus manos, ¿de qué crees que trata la historia? Haz una lista de posibles temas y comprueba después si has acertado con alguno de ellos.

a) ....

b) ....

c) ....

– Mamá, ¿me cuentas un cuento?

Todas las noches antes de dormir, le cuento a mi hija un cuento.

– A ver, ¿cuál quieres? ¿El de *Caperucita Roja*? –pregunto sin mucho entusiasmo.

– No, ese no, mami. Me lo sé ya de memoria. Lo mismo que el de *Blancanieves y los siete enanitos*...

– Un cuento, un cuento... –digo sin pensar, mientras miro el reloj con impaciencia y recuerdo todo lo que me falta por hacer: fregar, limpiar la cocina, revisar la correspondencia...

– ¿Por qué no inventas uno? –insiste Bere, que así interrumpe mi callada letanía con la aún larga lista de mis deberes.

– Estoy muy cansada Bere. Mañana invento un cuento, pero ahora...

– ¡Mañana, mañana! Siempre dices mañana y mañana, y al final no lo haces –protesta mi hija, más triste que **brava**. Sus ojos grandes me ven, con una mirada entre el ruego y la imposición.

– Mami, ¡**porfa**!...

– Bueno, está bien. Hmm... ¡Ajá! Una vez... y dos:

brava: disgustada, malhumorada.

porfa: forma más familiar de *por favor*.

¡son tres! ¡Es el cuento más corto del mundo! –me río, burlona.

– ¡Tramposa! –dice Bere, y ofendida cruza los bracitos sobre el pecho y me mira de reojo.

– ¿Te cuento el cuento del gallo pelón? –le digo de repente.

– ¿El gallo pelón? –me mira sorprendida.

remedar: imitar.

– No, no es "¿el gallo pelón?", la **remedo**. Es que si "¿te cuento el cuento del gallo pelón?"

– Bueno, ese no lo conozco... –dice con más cansancio que entusiasmo.

– No, no es que "bueno, ese no lo conozco" es que si "¿te cuento el cuento del gallo pelón?"

– Sí, mami, ya te dije que sí –dice un poco impaciente.

– No, no es que "sí, mami, ya te dije que sí". Es que si "¿te cuento el cuento del gallo pelón?"

– ¡No, no quiero ningún gallo!

– No, no es que "no, no..." –quiero continuar, pero Bere me interrumpe, visiblemente irritada, pero sin dureza.

– ¿No estás cansada? ¡Yo sí! –dice al darse vuelta en su camita. Le quedan fuerzas para decir en un bostezo–. ¡Hasta mañana, mami!

– ¡Hasta mañana, hijita! Buenas noches y que descanses –y le doy un beso, que es un poco una disculpa–. ¿No estás brava conmigo?

– No mami, pero... ¿recuerdas? Mi cuento para mañana.

– ¡Claro, claro! ¡Hasta mañana!

mamadera de gallo: broma pesada.

Apago la luz. Salgo en silencio y cierro la puerta despacio: ese gallo pelón es una auténtica "**mamadera de gallo**", de las más crueles para un niño –pienso.

barajitas: cromos; pequeñas tarjetas de papel con dibujos, figuras estampadas, fotografías, etc.

hay moros en la costa: hay gente que no queremos que sepa de qué hablamos.

Mis dos primos mayores, están sentados en el piso de la sala, en casa de la abuela. Me acerco en silencio y trato de mirar por encima de sus cabezas lo que con tanta atención observan. Están absortos en la contemplación de un precioso álbum de ***barajitas****.*

– ***Hay moros en la costa*** *–dice Alberto, que es el primero en percatarse de mi presencia.*

– Beatriz, ve a ver si la abuela tiene "tenteallá" –dice Edgardo.

– ¿Tenqué? –pregunto sorprendida.

– "Tenteallá", ¿no sabes lo que es? –Alberto recoge con disimulo las barajitas.

– No, no sé...

– Si quieres saber, bajas y le pides a la abuela, pero solo un poquito. En exceso hace daño...

– Bueno, ¿qué esperas? Ten-tea-llá –recalca Alberto, que pierde la paciencia.

– Pero ¿qué es "tenteallá"? –pregunto, más que con la desconfianza que ya tengo por las continuas bromas de que soy objeto, con una enorme curiosidad. No quiero caer de nuevo en alguna trampa, pero ese "tenteallá" suena tan bien...

– ¿De verdad, no sabes lo que es 'tenteallá'? –dice mi primo entre incrédulo y burlón.

– No, pero ya voy a saberlo. ¡Abuela!...

Me voy a la cocina, donde a estas horas la abuela está ocupada en la preparación del almuerzo. Bajo las escaleras de dos en dos escalones y repito la palabra que parece mági-

ca y que promete tantas cosas: tenteallá, tenteallá, tenteallá. Hoy es lunes y hay ***pabellón****. El olor de los plátanos maduros que la abuela fríe, casi me hace olvidar ese nombre que despierta tantas expectativas: tenteallá.*

– ¡Abuela, abuela! –le digo ya casi sin aliento.

– ¿Qué quieres, niña? ¿No ves que estoy ocupada?

– Pero es que Edgardo quiere que..., yo no sé lo que es, pero...

– ¿Qué quiere ahora ese ***zángano****?*

– Edgardo dice que si tienes..., pero yo no sé lo que es y si tú tienes, me das solo un poquito, porque si me das mucho puede ser malo...

– Pero ¿qué quieres, muchachita? –dice la abuela impaciente, al tiempo que se quita de la cintura el pañito de cocina que le sirve de improvisado delantal.

– Edgardo dice que si puedes darme un poquito de "tenteallá"... –digo de un tirón.

Hay un momento de silencio. La abuela se lleva las manos a la cabeza y sonríe, como pocas veces lo hace. Se sienta en uno de los taburetes de madera que hay en la cocina y me mira compadecida.

– ¡Ah muchachita ***pendeja****! –dice al fin. Y en vez del tan esperado "tenteallá", me da una perorata:*

– Tú no ves, que lo molestas. Y para quedarse solo y tranquilo, te manda a buscar algo que no existe. Es para espantarte: te quedas conmigo un rato y ya. Es todo: ***tente*** *allá...*

Me quedo petrificada. El tenteallá imaginado en mil formas, colores y olores diferentes no existe... Es solo un juego de palabras, otra burla de mis primos...

*–¡****"Meremere" con pan caliente****, es lo que te puedo dar!... –agrega la abuela y se pone de pie. Por el tono en*

pabellón: plato típico de la cocina venezolana: caraotas (judías, alubias) negras, arroz blanco y carne "mechada" (con tocino). Se puede acompañar con baranda (plátanos maduros fritos).

zángano: vago.

pendeja: aquí: "tonta", "boba".

tente: forma del imperativo del verbo *tenerse* (aquí: sinónimo de *quedarse*).

"meremere" con pan caliente: forma coloquial que se usa cuando alguien quiere amenazar con un golpe a alguien.

que lo dice, ya no le pregunto si el "meremere" es dulce o salado. Lo intuyo más bien amargo...

Al ver mi turbación en los ojos ***aguados*** *y a modo de consuelo, la abuela dice con suavidad:*

–Ya el almuerzo está listo. ¡Vamos a poner la mesa!... ¡Edgardo y Alberto!...

¡A comer!

aguados : con lágrimas, a punto de llorar.

– ¡Mañana, seguro que invento un cuento para Bere! –declaro en voz alta y regreso a mis labores. Empiezo por la cocina. Me esperan los platos, los cubiertos y otros **corotos** sucios que se amontonan en el fregadero y en el mesón. Sobre las hornillas de la cocina, están las ollas y los sartenes ya vacíos de comida y llenos de agua jabonosa, listos para el restregado final. Me arremango la camisa y le **echo pichón** al fregado. Ya casi termino, cuando aparece **Wojtek**, mi compañero de vida, polaco.

corotos: trastos, objetos indefinidos.

echar pichón: frase hecha que significa empezar a hacer algo con entusiasmo, con ganas.

Wojtek: se lee Voitek. Nombre polaco para Adalberto.

– ¡Hola! ¿Todavía no te acuestas? –dice, mientras sigue de largo hasta el salón.

– No, ya me ves. Todavía no acabo. Esto de la cocina es un cuento de nunca acabar...

– O de nunca empezar. En esta casa lo único que no cambia de sitio es... el desorden. Está en todas partes, mejor dicho. Es lo único permanente aquí.

– ¡Ay, chico! No empieces de nuevo con tu **taquititaqui** –le digo.

taquititaqui: onomatopeya del golpe de tambor: hablar sin parar en tono de reproche.

– ¿Qué dices? ¡No te entiendo! Hablas polaco, ¿no?

– Estoy cansada. Si quieres conversar conmigo esta noche, tienes que hacerlo en español...

– Pues lo siento mucho, pero yo también estoy cansado y no tengo ganas de hablar en otro idioma.

papas: patatas.

– Entonces, ni hablar –corto la conversación, mientras limpio el fondo de la olla donde cocino las **papas**, que esta vez se pegaron más que de costumbre.

En Cracovia, vivo las primeras semanas en casa de mi maestra de canto. En un apartamento pequeño, para mis proporciones venezolanas, se mezclan libros, objetos antiguos, cuadros, y unas alfombras que, en lugar de cubrir el piso, cuelgan de las paredes. Más tarde voy a comprobar lo práctico que resulta, especialmente en invierno, este elemento decorativo que a mis recién llegados ojos les resulta un tanto exótico: si se duerme junto a una pared así decorada, no se corre el riesgo de despertarse al contacto con su superficie helada…

boto: arrojar a la basura.

poceta: escusado, retrete, baño.

Nada más llegar a Polonia, me resfrío y paso en cama las primeras dos semanas. Cuando ya estoy repuesta, me dedico a ayudar a mi profesora: hago un poco de orden, limpio la cocina, paso la aspiradora. Un día, luego de desayunar, descubro que en la cocina hay una olla en la que algunas verduras están en franco estado de descomposición. Con más asco que ganas, me encargo de la limpieza de la olla: ***boto*** *el contenido en la* ***poceta****, (una costumbre que al principio también me parece exótica, pero que desde entonces practico por parecerme muy apropiada para deshacerse de restos de comida, especialmente los líquidos), y tras fregarla con abundante agua y jabón, dejo la olla en el escurridor de platos, brillante y sin rastros de aquella agua nauseabunda. Mi maestra, al llegar a casa va a la cocina a hacerse un té. Al rato me llama:*

– ¡Beatriz!

Me acerco a la cocina y la veo con la olla reluciente en una mano. Parece sorprendida y sin esperar a su pregunta, le respondo con orgullo y satisfacción:

– Sí, es mi trabajo.

barsh: sopa de remolacha fermentada, plato típico polaco, ucraniano y ruso.

pena: vergüenza.

Pero en lugar de agradecerme, comienza a lamentarse y con preocupación me dice:

– No sabes el lío que armas con esta olla…

– ¿Cuál es el problema?

– Es que ese es el ***barsh*** *de esta semana… La señora que me ayuda, lo prepara el lunes, y el viernes, luego de la limpieza, lo cocina…*

Ya no la escucho, roja de la ***pena*** *ante mi propia ignorancia: es la sopa de remolachas fermentadas, que es una de las exquisiteces polacas… Mejor dicho era… ¡Y hoy es jueves!*

Por suerte tengo el día de mañana para corregir mi error. A la mañana siguiente me levanto temprano y me voy al mercado, que está muy cerca. Compro las remolachas, y ya de regreso en casa las limpio, las pelo y las corto en trozos grandes. Tomo la famosa olla, impecablemente limpia, que parece en su brillo sonreírse burlona de mi ignorancia, pongo en ella los trozos de remolacha y los cubro con agua fría. La tapo y la coloco en el mismo sitio en el que la pone la señora María, todos los lunes… Y espero su llegada.

– ¿Cómo? ¿Tengo que hacer el barsh el lunes, apenas? –pregunta extrañada.

Mi maestra le muestra la remolacha fresca y le explica lo ocurrido. La señora María me mira, llena de compasión y tristeza, mientras dice moviendo la cabeza con desaprobación: "Pobrecita. Ella no sabe de estas cosas…". Luego que Doña María se va a sus quehaceres, Helena y yo, que a duras penas contenemos la risa durante toda la escena, rompemos a reír a carcajadas…

Suelto una carcajada, y pongo la olla reluciente en el escurridor del fregadero.

– ¿Qué pasa? ¿De qué te ríes? –pregunta Wojtek de regreso en la cocina.

– Nada, nada. No es contigo, ni de ti. Es solo un recuerdo gracioso de mi estancia en Cracovia.

– ¿En Cracovia?

– Sí, pero no ahora. No voy a Cracovia desde hace más de dos años, ¿te acuerdas? Para el curso de español... Es un recuerdo de mis tiempos de estudiante en la Academia de Música.

– Por favor, Beatriz. No comentes nada en voz alta ni te rías a carcajadas, porque entonces yo creo que hablas o te ríes conmigo y dejo lo que hago por atenderte y...

– Ya, ya. No es para tanto. Disculpa.

– Siempre pides disculpas. Hay que pensar las cosas antes de decirlas para no tener que pedir disculpas a cada momento...

perorata: larga serie de frases.

enfrascarme: empezar una pelea que puede durar mucho tiempo.

Y comienza la **perorata** de siempre. Hoy no tengo ganas de **enfrascarme** con Wojtek en una de esas conversaciones que se prolongan por horas y en la que decimos todo y finalmente nada. Tengo la impresión de que él no sabe verle el lado positivo a las cosas. Es alguien para quien la media luna está siempre en menguante. Para mí, por el contrario, está siempre en creciente (la "sonrisa blanca" de una conocida canción popular).

closet: armario de puertas corredizas.

– ¿Por qué esta ropa está fuera del **closet**?

– Ya la pongo en orden, no puedo hacerlo todo a un tiempo.

– ¿Quién ha dejado estos periódicos sobre el sofá?

– Son para Bere, los llevo luego al sótano.

– ¿De quién son estos zapatos en medio del pasillo?

– No sé, desde aquí no los veo.

– ¿Cómo es esto posible? ¿Alguien civilizado deja un vaso sucio dentro del fregadero?

– ¿A qué se debe que en esta casa después de hacer orden, todas las cosas cambian de sitio?

– ¿Cuándo voy a entrar a la cocina a hacer el desayuno y encontrar el mesón limpio de migajas?

– ¿Hasta cuándo voy a repetir que no se deja la nevera abierta por mucho rato porque se estropea?

Estas son solo algunas de las preguntas que día a día hace Wojtek cuando llega a la casa. Preguntas que no me esfuerzo ya en responder. No niego que algunas veces tiene toda la razón. Pero en la mayoría de los casos, creo que lo hace para no perder esa costumbre suya de quejarse de todo y de todos… Hago lo que puedo, pero a veces no estoy en condiciones de controlar a mis otros dos hijos adolescentes, bastante malcriados en lo que a orden y pulcritud se refiere, y persuadirlos de lo positivo que es mantener el orden en casa. Yo misma debo luchar con mi desorden compulsivo y además combatir el de ellos, cada vez con menos entusiasmo y con aún menor provecho… Así que lo comprendo. Pero soy de las que piensa que si no tienes lo que quieres puedes querer lo que tienes…

A veces **me pongo brava** con él, pero no peleo. Aprendo día a día a aceptarlo tal y como es: **rezongón** y **fastidioso**, con sus preguntas impertinentes, pero buen compañero y mi apoyo en muchas cosas, siempre pendiente de mí y de los muchachos. Con sus rarezas y sus mañas. ¡Todos las tenemos!… Pero de nuevo empieza la lluvia de preguntas y pierdo la paciencia:

me pongo brava: me enfado.

rezongón: que gruñe o se queja cuando le mandan hacer algo.

fastidioso: inoportuno, que molesta.

– ¡Wojtek! –lo interrumpo–. ¿Tú no tienes en el estudio un poquito de “tenteallá”?

Lo dejo boquiabierto en la cocina y me voy al saloncito donde está la tele y donde tengo la computadora. Ya los muchachos están dormidos, Bere también. Ahora tengo tiempo para mí… y para el cuento de mi hija. Wojtek, que viene tras de mí, pregunta:

– ¿Qué si no tengo tenqué…?

– Nada, nada. Otro día te lo cuento. Ahora tengo que escribir algo para Bere. ¡Y no tengo mucho tiempo para explicaciones!…

Para mi sorpresa, Wojtek se da media vuelta, y sin protestar, se va cabizbajo. Lo sigo con la mirada hasta que desaparece por el largo corredor en dirección al salón. Me instalo ante la computadora y trato de escribir algo interesante para Bere. No es tarea fácil ésta de escribir. Quieres decir algo y te sale exactamente lo contrario.

O las ideas aparecen con tanta rapidez que apenas puedes atraparlas en las letras y fijarlas en las palabras que, a modo de corsé, les dan forma. Pero no se están quietas y cambian varias veces de lugar. Al fin parecen aquietarse en un orden que nos da la impresión de ser el más apropiado. Hasta que un rato más tarde releemos lo ya escrito y comienzan a danzar nuevamente… ¡Ufff! Lucho contra el sueño y el cansancio que me atacan por todos lados: dispersan las letras, provocan errores. Todos los temas me parecen banales, o demasiado trillados. Después de un rato, vencida, me dejo caer en un sillón…

A Cracovia no voy desde hace unos dos años y medio. Entonces voy justamente para hacer un curso de mejoramiento para maestros de español. Lo mío es cantar. Y a este otro aspecto de mis actividades, lo trato hasta ese momento como algo secundario. Tenemos dos profesoras excelentes, de la Universidad de Granada, que con su entusiasmo y su dedicación, aparte de un profesionalismo a toda prueba, me motivan para hacer de la enseñanza del español, en lo que desde hace algún tiempo me desempeño, mi segunda profesión. Con Lola y Rocío no hay quien se resista. Y ya antes de terminar el curso estoy convencida de que voy a tratar ahora esta actividad mía desde otra perspectiva.

Aparte de la satisfacción y el placer que me da el contacto con mis maestras y compañeros de curso, todos inteligentes y simpáticos, en Cracovia tengo la oportunidad de ponerme al día con mis amigos de siempre. Tenemos excelente contacto, y a pesar de que no nos vemos, a veces en años, cada encuentro es tan fresco y lleno de entusiasmo que tengo la impresión de que me ausento solo un par de horas. Encuentro tiempo para darme la alegría de visitarlos a todos: Ksenia y Cristóbal, Francisco y Bárbara, Zbyszek y María, Marta y su hijo Timoteo. A casa de estos últimos llego para quedarme dos semanas.

Marta, que también es profesora de idiomas (enseña inglés), vive en un apartamento enorme, lleno de muebles antiguos, divanes y jarrones. Nos saludamos como de costumbre:

"¡Buenos días, señora Profesora!", un poco por burlarnos del tono formal en el que se dirigen aquí en Polonia los estudiantes a sus maestros. Y luego ya nadie nos detiene en un delicioso cotorrear sin tregua, hasta que el sentido común o la hora, nos hacen terminar y regresar a nuestros quehaceres o irnos a descansar. Al principio, no sé si puedo quedarme en su casa, pues vive con su madre, que tiene más de 90 años y sufre los achaques propios de una edad tan avanzada. Marta trata de explicar, por qué no está tan segura de poder alojarme.

– Sabes Beatriz, a veces es difícil descansar, porque Buba –como todos la llamamos cariñosamente– se despierta en la noche, y hace alguna travesura.

– No te preocupes –la tranquilizo–. Si hay problemas, pensamos en otra posibilidad.

Buba es serbia, y se vino a Polonia con su esposo, el padre de Marta. A pesar de los muchos problemas por los que ha pasado en la vida, conserva una forma y una jovialidad envidiables. Me acerco a saludarla, y Marta me presenta. Al principio no me recuerda con exactitud, pero a los pocos minutos ya conversamos como un par de ***comadres****. A veces me habla en serbio, entonces mi amiga viene en mi auxilio y traduce lo que Buba me cuenta. Dice Marta que con frecuencia le ocurre cuando habla con la familia. A mí también me pasa a veces, aquí en Polonia, con algunas personas que siento muy cercanas. No sé en qué momento, empiezo a hablar con ellas en español. Siempre que me ocurre, pienso que es una forma de expresar, inconscientemente, la sensación de bienestar y familiaridad que me embarga cuando hablo con ellas. En una palabra, es un signo de aceptación. ¡Siento que Buba me acepta y ya tengo la seguridad de que mi estadía en casa de Marta es posible! A la mañana siguiente, Marta me saluda con una sonrisa y me cuenta la buena nueva:*

comadres: amiga con la que se tiene mucha confianza.

– Beatriz, ¡Buba ha dormido toda la noche!

– ¡Qué bueno! ¡Cuánto me alegro!

*–Tú, como que eres "****medio bruja****" –continúa mi amiga–. Tienes un efecto muy positivo sobre ella. ¿Cómo lo haces?*

medio bruja: tienes algo de bruja.

– Tienes toda la razón: ¡soy medio bruja! –me río de la ocurrencia de Marta.

– A ver, brujita –dice Marta moviendo sus manos en gesto de "hechizar"–, echa una brujería en casa, para que Buba pueda dormir tranquila todos los días.

*– ¡****Está hecho****!*

está hecho: asunto arreglado.

Efectivamente, el hechizo funciona, y durante todo el tiempo que paso en casa de Marta, Buba se comporta de manera

...durante todo el tiempo que paso en casa de Marta, Buba se comporta de manera ejemplar. Cuando regreso del curso, por las tardes, conversamos largo rato.

ejemplar. Cuando regreso del curso, por las tardes, conversamos largo rato. Buba me cuenta de su infancia y juventud en Belgrado, de sus hermanos y sus padres. A veces se confunde y me habla en serbio. Si Marta no está cerca, me sonrío y le recuerdo que no entiendo. Entonces, Buba se ríe de sí misma, cambia inmediatamente de idioma y seguimos nuestra conversación. Pienso que no es cosa de brujería. Es cuestión de afinidad espiritual. En Buba me veo a mí misma, dentro de un par de años. Lejos de su país, familia y amigos. Rodeada del afecto de su hija y nieto que se desviven por ella y la tratan con un amor que se percibe en cada gesto y en cada mirada. Me identifico con ella y me permito imaginarme qué puede ser de mi vida en un futuro, que se percibe ahora tan lejano...

Me despierto sobresaltada. ¡Ya son las siete y media de la mañana! Me levanto de un brinco y voy a despertar a Bere. Por suerte su escuela está muy cerca. Pero los muchachos...

– ¡Vincent! ¡Víctor! –los llamo nerviosa–. Es tardísimo. ¡A levantarse!

Todos los días la misma rutina: me levanto temprano, despierto a los muchachos, les doy el desayuno, los llevo a la estación del metro y a Bere al cole. Luego la mañana es mía. Pero no la de hoy...

– Mami, ¿recuerdas tu promesa de ayer? –dice Bere antes de bajar del **carro**.

carro: auto, coche.

– ¿Mi promesa de ayer? trato de disimular, que no sé de qué se trata...

– Sí, chica, el cuento...

– ¡Ah! Sí, sí. El cuento... ¡Cuidado al pasar la calle! –le advierto cuando sale del carro. Bere da un portazo y cruza la calle sin mirar. Rápidamente desaparece en-

ateridos: que tienen mucho frío.

cauchos: neumáticos.

a paso de tortuga: lentamente.

tre un grupo de compañeros **ateridos**. Están vestidos todos ya como para el invierno y es apenas octubre... Hace frío y el viento sopla con fuerza. Me resulta gracioso ver cómo los árboles se desnudan, se deshacen de sus hojas, para soportar mejor el invierno mientras nosotros nos ponemos encima cada vez más y más cosas. En el camino de vuelta veo con horror que ¡cae nieve! Es la primera nevada de este año. Y yo no tengo aún los **cauchos** de invierno. Reduzco la velocidad y **a paso de tortuga** regreso a casa. Pienso en el trabajo que me espera, pues hoy es jueves, el único día libre de trabajo en la Escuela... y el único también para limpiar y ordenar la casa.

De repente un pensamiento casi mágico me ilumina y me devuelve la sonrisa. Es una excusa perfecta para dejar de lado la rutina. Tengo un compromiso que cumplir y el término de entrega es inmediato: ¡El cuento de Bere!

Al llegar a casa, en lugar de ocuparme de la limpieza, regreso a lo ya escrito en la madrugada. Qué desilusión. Tengo que comenzar de nuevo. Y así me ocurre día tras día.

Aquí estoy, de nuevo ante la computadora. Trato de ordenar mis pensamientos y parir el cuento que mi hija espera y que esta misma noche, no lo dudo, me va a reclamar. Y nada. Todo lo que hago me parece digno de la papelera. O del botoncito *Supr* en la computadora.

Nunca aprendo. Esta demagogia doméstica me tiene acabada. Siempre ofrezco cosas que luego no cumplo. Y ya tengo la moral por el piso. Sudo, cosa que me ocurre con poquísima frecuencia, al pensar que una vez más no tengo lo prometido. "*Lo prometido es deuda*", dice mi madre. Pero ya debo dejar esto para

almuerzo: comida principal del día.

Wroclaw: ciudad importante del suroeste de Polonia, a unos 500 km de Varsovia.

ocuparme de las compras, el **almuerzo**, la limpieza, en fin, de mi vida de todos los días.

Ya son casi las cinco, así que me voy a buscar a Bere. La encuentro en el vestíbulo de la Escuela. Ya tiene puesto el abrigo, las botas y el gorro, lista para salir.

– ¿Ya estás lista? ¡Qué milagro!

– Mami, hoy es jueves. Papá viene a buscarme hoy. Nos vamos a **Wroclaw**.

– ¡Ah! Nunca me acuerdo...

– Ajá... Siempre se te olvida, que viene a ser lo mismo.

– Estaba muy ocupada. Escribo un cuento para una niñita criticona...

– ¿Todavía escribes? ¿No está listo? –pregunta Bere sorprendida porque aún no tengo escrita su historia. Si está listo le digo a papá que nos vemos el próximo...

– No, no está listo todavía –la interrumpo. ("Mejor si no es para esta noche, así tengo más tiempo para escribirlo con calma"–pienso con alivio)–. Cuando llegues de Wroclaw, lo leemos. ¿De acuerdo?

– Bueno... ¡Ya llegó papá! ¡Hasta luego, mami, hasta el lunes! –me dice y me da un beso.

– Chao, hijita, que te diviertas.

Sale de la escuela en apresurada carrera. Me alegra pensar que tengo un poco más de tiempo para escribir el cuento. Me visto sin prisa. Al salir de la Escuela de Bere, la misma en donde enseño español, el viento frío de otoño me devuelve a la realidad y ya no pienso cómo continuar mi historia. Me espera la compra de víveres y la preparación del almuerzo.

Dejo el carro estacionado junto a la escuela, y me voy andando hasta el mercadito cercano. Es un con-

tarantines: tiendas muy pobres.

cambures: plátanos.

pepa: semilla.

zlotys: moneda polaca.

junto de **tarantines** de metal, bastante sólidos, con calefacción y las mínimas comodidades para que los vendedores y sus clientes puedan soportar la dureza del clima. Entre las filas de tiendas, hay un techo de material plástico para facilitar a los compradores el desplazamiento en caso de lluvia o nevada. Aún no hace tanto frío y delante de cada establecimiento, las mercancías del más variado tipo y colorido allí expuestas, nos invitan a pasar: juguetes infantiles, elegantes vestidos de señora, pijamas y ropa interior, mandarinas de un naranja feroz, artefactos para el hogar. Me dirijo hacia la frutería de la que soy clienta fija. Las manzanas y peras se exhiben junto a las cada vez menos exóticas mandarinas, naranjas, piñas y kiwis venidos de países distantes y cada vez también menos exóticos... Entro y hago mi compra de costumbre: papas, pepinos encurtidos, algunos tomates (cada vez menos, mientras más avanza el invierno, por el precio), cebolla, verduras (las que puedo encontrar aquí: zanahorias, raíces de perejil, ajo porro), manzanas y mandarinas. En el estante, al lado de los **cambures** veo unos aguacates espléndidos por su tamaño y color. Tomo uno y lo tanteo. Lo agito ligeramente y siento el sonido de la **pepa** que se mueve en su interior. Está a punto.

– ¿A cómo están los aguacates? –casi con miedo, pregunto por el precio.

– A 5 **zlotys**, porque ya están muy maduros.

– Quiero estos dos, por favor –digo con alivio, pues no están tan caros.

Estoy de vacaciones en Caracas. Hoy hago una pausa en las continuas visitas a los amigos y familiares. Tendida en el sofá de la sala, leo el periódico del día. De repente, tocan a la puerta. Voy a abrir y encuentro a papá radiante, cargando con una enorme bolsa, que, luego de entrar a pasos grandes y apresurados, deja sobre la mesa.

Con un enérgico ademán de mago que saca conejitos de su sombrero o de pirata que muestra su botín, comienza a sacar los comestibles que hay en ella. Primero unas ***arepitas*** *dulces:*

arepas: torta de maíz, típica de la cocina venezolana.

– Todavía están calientes. Puedes comerlas de una vez –dice, mientras saca más cosas de la bolsa.

– ¡Qué ricas están! –digo al probarlas, sin reparar en reglas de etiqueta, al hablar con la boca llena de ese sabor tan añorado del maíz endulzado con ***papelón****.*

papelón: cono de melaza, azúcar de caña sin refinar, que se usa en la confección de muchos platos y bebidas venezolanas.

– Eso no es nada... ¡Mira lo que tengo aquí! Están maduritos –y me muestra con unos ojos brillantes, como los de quien ve las esmeraldas más grandes del mundo, dos hermosos y relucientes aguacates.

– Están bellísimos –digo impresionada–. Pero puedo comerlos luego, ¿no?

– ¡Claro hijita! –dice papá, y se ríe a carcajadas, al imaginar que quizás pienso que tengo que comer todo el contenido de la bolsa ***de un tiro.***

de un tiro: de una vez, en un momento.

– Mira estos mangos. Son de ***"bocao"****. Y ahora mira, lo mejor siempre al final...*

bocao: tipo de mango que puede comerse como una manzana, sin dejar hilachas entre los dientes.

– ¿Qué más tienes ahí? –y hago un gesto como para arrebatarle la bolsa.

– ¡Epa! ¡No tan deprisa, señorita! ¿Adivinas?

– ¿Es una fruta?

– Sí, y a ti te gusta mucho...

– Una fruta que no puedo conseguir en Polonia, se entiende...

– Eso está claro.

– ¡Guayabas!

– No, eso no se consigue tan fácil ni aquí.

– ¿Mamones?… La verdad, no me gustan tanto…

– Ya lo sé, además no es época de mamones…

– Me rindo… –digo con la boca aún llena con la segunda arepita dulce

– ¡Unos nísperos! –dice papá con una sonrisa de triunfo…

– ¿Por fin, se lleva los aguacates, señora? –me devuelve a la realidad la voz del vendedor, un poco irritado, pues se hace una cola de clientes. Un tanto abochornada por esa huida tras mis recuerdos, le pago y salgo del estrecho quiosco que se hace más pequeño por la afluencia de nuevos clientes. Regreso a paso lento hasta el carro, rodeada por un lejano aroma de nísperos maduros que ya no se consiguen…

Vivo en Polonia desde hace veinticinco años. Aquí tengo mi familia, aquí trabajo. El comienzo de mi aventura polaca se remonta a finales del siglo pasado, concretamente a octubre de 1982.

– ¿Que quéeee? ¿Que te vas a Polonia a estudiar canto? ¿Y tú no cantas, pues?

– Pero si allá hay ahorita estado de sitio. ¿No es peligroso? ¿Cómo te vas a ir tan lejos?

– Además, solo hablan polaco y tú no sabes ***decir ni pío*** *en ese idioma…*

decir ni pio: ni una palabra.

– A Polonia, con ese frío que debe hacer en invierno, ¡ni de broma!… brrrr.

Estos y otros muchos comentarios, escucho de boca de amigos y conocidos antes de emprender viaje. Todos se preocupan sinceramente y algunos tratan de disuadirme, pero yo ya estoy muy resuelta. Ya tengo mis tantos, y aunque estoy decidida a encauzar y desarrollar mi talento artístico, aún no tengo las herramientas para hacerlo en la medida de mis ambiciones y mis sueños. Llego primero a Cracovia...

Es una ciudad oscura, con la oscuridad que cada día, a medida que se acerca el invierno, se hace más temprana... Es lo que primero y más me impresiona del nuevo sitio en el que voy a vivir durante los cuatro próximos años de mi estadía en este país.

Pero me sorprende la seguridad que hay en sus calles. A cualquier hora del día o de la noche, puede caminarse con tranquilidad, incluso por los rincones más tenebrosos, con la neblina más densa. Me siento entonces como un personaje de una película de suspenso y me imagino en una callejuela de Londres a fines del siglo XIX... Escucho el rítmico taconear de mis pasos apresurados y me figuro que algún peligro me acecha. Me saca de mi fantasía un amable "¡Buenas noches!" del primer transeúnte que encuentro a mi paso.

Es tanta la confianza y la buena fe de los habitantes de este país, entonces nuevo para mí, que muchas madres dejan los cochecitos con su dulce contenido, a las puertas del establecimiento comercial o la oficina adonde van a hacer sus compras o a resolver alguna diligencia burocrática, sin ningún temor. Y éstas no son cosas que aquí llevan poco tiempo. Está aún en vigencia el estado de sitio. Hay racionamiento de los alimentos básicos: azúcar, carne, harina de trigo, y hasta el vodka y hay que hacer colas interminables para, algunas veces, regresar a casa con las manos vacías, pues se ha terminado la limitada cantidad de mercancía expuesta para la venta ese día. Y ya sea otoño o invierno, o soleado verano, como más tarde voy a comprobar, dejan a sus niños en sus cochecitos, en la calle. Y a nadie se le ocurre moverlos, y muchísimo menos, llevárselos... Es algo que, pienso entonces sorprendida, no puede hacerse en Venezuela sin tener que lamentarlo profundamente luego.

Otra de las cosas que me fascinan de mi vida aquí en aquel entonces, es la creatividad que desarrollan las personas que viven aisladas sin posibilidad de contacto con el exterior. Obtener un pasaporte es un milagro, y tener además el mínimo de dinero necesario para sobrevivir en un viaje a otro país es casi imposible. Hay que amañarse con lo que se tiene y si no inventarlo. Despiertan en mi una gran ternura los hermosos chalés de fabricación casera, dignos del más refinado telar hindú, hechos por mis compañeras de la Academia de Música con pañales para bebés, de algodón fino, debidamente teñidos y preparados, y entretejidos a todo lo largo con infinita paciencia y uno a uno con hilos dorados. O participar en la puesta en escena de una obra de Gershwin ("Blue Monday") cuya partitura ha sido íntegramente transcrita de un disco... O los pasteles, que en lugar de confitura de naranjas, llevan trocitos de zanahoria azucarada, que por obra de la sugestión o por la maravillosa composición de sabores que los circundan, saben a... confitura de naranjas...

– ¡Mamá! –me llama Víctor, el menor de los varones, desde su cuarto–, ¿quieres revisar tu correo?

– Sí, sí. Ya voy, enseguida. ¿Tienes alguna tarea pendiente?

– No, **que tarea ni que ocho cuartos**... es que hacemos una pausa en el juego. Además tengo mucha hambre. Mientras preparo algo de comer puedes utilizar la computadora.

que tarea ni que ocho cuartos: nada de eso.

– ¡Ajá! –respondo desilusionada... Es tan talentoso y pierde el tiempo en esos juegos. Algunos parecen interesantes, pero otros parecen estar hechos para desahogar los instintos destructivos y darle salida al exceso de energía y a la agresividad de los jóvenes, sin que tengan que mover más de dos dedos.

– Bueno, ¡vienes o no! –se impacienta.

– ¡No me grites! No es para tanto. Y ¡gracias! –le digo al entrar a su cuarto.

– Pero solo el correo.

– Siempre dices lo mismo: "solo el correo" –me remeda–. Y luego lees todos los periódicos de Polonia y Venezuela juntos, o consultas el horóscopo o…

– No, no. Esta vez no es así. No tengo mucho tiempo. Solo reviso el correo. ¡Lo prometo!

maremán: multitud.

Con dificultad me instalo ante la computadora, el único sitio relativamente libre en medio de un **maremán** de libros, ropas, discos, platos sucios y botellas de refresco vacías, que en el más exuberante desorden constituyen el decorado de la habitación de mi hijo menor. Pero es el único sitio en casa en el que tengo acceso a Internet. Paciencia…

¡Ah!… Estas maravillas de la técnica. Ahora con la red de Internet, puede uno ponerse en contacto con cualquiera que tenga acceso a ella, en cualquier lugar del planeta y en pocos segundos. Desde niña me fascina la posibilidad de trasladarse mentalmente a cualquier parte y de estar simultáneamente en varios sitios. Todavía falta mucho para realizar mi sueño de niña… pero me parece que Internet va por buen camino. Y aunque infinitamente mucho más limitado, rudimentario y lento que nuestra imaginación y nuestros pensamientos, nos permite compartirlos con otros casi simultáneamente en el momento en que se producen. Y eso ya es bastante.

PÁRATE UN MOMENTO

1. A continuación tienes unas frases relacionadas con la historia que estás leyendo. Señala si son verdaderas o falsas.

	V	F
a) Beatriz tiene que escribir un cuento para Bere.		
b) A Edgardo y a Alberto les gusta jugar con Beatriz.		
c) Beatriz tiene dos profesiones diferentes.		
d) A veces Buba habla en serbio a Beatriz.		
e) Lola y Rocío son las profesoras de Beatriz en Granada.		

2. A continuación tienes unos dibujos. Pon el nombre de aquellos que aparecen n la historia.

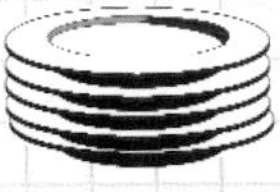

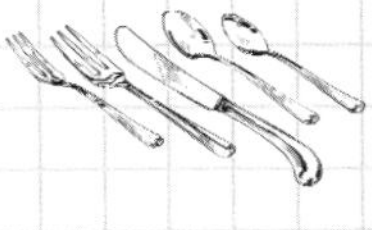

1. .... 2. .... 3. .... 4. ....

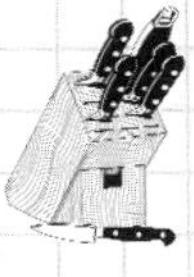

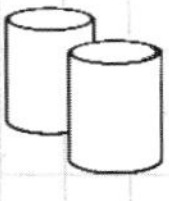
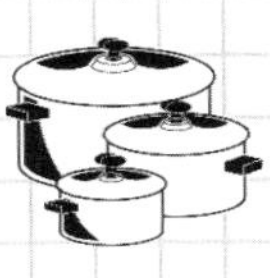

5. .... 6. .... 7. .... 8. ....

3. Completa las siguientes frases con **por** o **para**.

1. Mañana, seguro que invento un cuento .... Bere.
2. Empiezo .... la cocina.
3. Recuerdo todo lo que me falta .... hacer.
4. No tengo mucho tiempo .... explicaciones.
5. .... mí, ... el contrario, está siempre en creciente.
6. .... suerte su escuela está muy cerca.
7. Cuando regreso del curso, ... las tardes, conversamos largo rato.
8. Su hija y su nieto se desviven .... ella.
9. Tengo tiempo .... mí y .... el cuento de mi hija.
10. Tengo el día de mañana .... corregir mi error.

4. Algunas palabras de esta historia probablemente no las conocías, ¿recuerdas su significado? Relaciona las dos columnas.

1. Zángano	**A.** Auto
2. Papas	**B.** Teléfono móvil
3. Poceta	**C.** Multitud
4. Carro	**D.** Cromos
5. Cauchos	**E.** Vago
6. Maremán	**F.** Neumáticos
7. Celular	**G.** Retrete
8. Barajitas	**H.** Patatas

5. La historia se desarrolla en diferentes lugares y fechas, ordénalas cronológicamente.

a) Hacer cola para conseguir algunos alimentos.
b) Comer arepitas dulces.
c) Llevar a su hija al colegio.
d) Conectarse a Internet y revisar su correo.
e) Aguantar las burlas de sus primos.

Venezuela	Polonia en los años 80	Polonia en la actualidad

6. Los niños suelen ser muy impacientes, como lo son los hijos de Beatriz. Bere, por ejemplo, insiste para que su madre invente un cuento para ella *"¡Mi cuento para mañana!"* y Víctor, cuando llama a su madre para que vea su correo electrónico, se impacienta y dice *"Bueno, ¡vienes o no!"*. ¿En qué otras situaciones crees que los adultos dicen que los niños son impacientes?

a) ....
b) ....
c) ....
d) ....
e) ....
f) ....

7. En el mundo actual la comunicación no tiene límites ni fronteras e incorporamos a nuestra vida tradiciones o costumbres de otros lugares. Escribe a continuación las costumbres que has incorporado a tu vida y que tradicionalmente no eran propias de tu país o de tu cultura.

a) ....
b) ....
c) ....
d) ....
e) ....
f) ....

8. Beatriz nos ha contado muchas cosas de su pasado y de su presente, ¿qué crees que nos va a contar en la segunda parte de la historia? Haz una lista con algunas de tus hipótesis.

a) ....
b) ....
c) ....

En Polonia la comunicación con el exterior es mala y lenta. Una carta demora dos meses en llegar a su destino. Cuando recibo la respuesta, después de los siguientes dos meses que tarda en regresar y por lo general con el sobre original envuelto en plástico, porque "está dañado", las cuestiones de que tratan han perdido actualidad o simplemente no recuerdo de qué se trata. Recurro pues, con más frecuencia a la comunicación telefónica, que... también es lenta y mala. Las llamadas a América desde los teléfonos particulares pueden hacerse solo los fines de semana. Esta es la manera más práctica de hacerlas, y la que menos cansa. (La otra es en la oficina de correos, donde la espera es más corta, pero sin el confort que ofrece estar en la propia casa). Eso sí, tiene uno que estar dispuesto a pasarse las 48 horas del fin de semana encerrado a esperar la llamada. Esto suele ser, en mi caso, muy provechoso. Entonces pongo orden en mi habitación, hago las tareas pendientes, puedo relajarme después de una semana de intensa actividad física e intelectual. Algunas veces tengo suerte y antes de que pase el primer día, ya tengo la llamada. Otras, la mayor parte de las veces, desgraciadamente no la recibo.

Es sábado en la noche. Adormitada, descanso tumbada en mi cama, cuando de repente suena el teléfono. Dando un salto simultáneo con el que da mi corazón en espera, atiendo:

– ¿Haló? ¿Espera usted una llamada a Venezuela? –pregunta la operadora con voz amodorrada.

– Sí, sí –digo con excitación, mientras trato de dominar la emoción que me embarga–, espero desde ayer.

– Puede hablar.

Del otro lado de la línea el teléfono repica y nadie responde. Miro el reloj con angustia. A estas horas puede no haber nadie en casa.

– Repica y nadie responde –dice la misma voz con un dejo de fastidio.

– Sí señora –le explico preocupada–. Es que a esta hora probablemente no hay nadie en casa.

– Pues lo siento, tiene que llamar otro día.

– ¿No puede pasarme la llamada más tarde? Es que solo puedo llamar...

– ¿Usted cree que es la única que llama? No puede mantener la línea ocupada, porque otros también esperan. Puede probar el próximo fin de semana –y se desconecta.

De este modo, doblemente doloroso, siento la impotencia ante el tiempo: la diferencia de horario con mi país, cinco horas en verano, seis en invierno; y las cuarenta y ocho de vana espera.

Otras veces espero pacientemente, y ya sin esperanza, a última hora del domingo, llamo a la reclamación:

– Señora, desde hace dos días espero una llamada a Venezuela.

– ¿Cuál es su número de teléfono?

– El 425678

– A ver, un momento... Ah, sí, Venezuela...

– Espero desde el viernes en la noche y nada...

– Disculpe, pero tiene que comprender que eso está tan lejos...

Cuelgo el auricular y no sé si reírme o llorar. Si lo sé yo, que está lejos. Y hoy es precisamente el cumpleaños de la abuela…

celular: teléfono móvil.

– Mami, ¿no sabes dónde está mi **celular**? –me pregunta Víctor sin pararse a esperar la respuesta y sigue de largo hacia la cocina.

Los jóvenes de ahora no saben de estos problemas de comunicación. Tienen otros: les cuesta más trabajo contactarse con sus amigos y conocidos personalmente. Prefieren hacerlo por medio del celular o de Internet. Su voz penetrante me trae de regreso a casa en Varsovia y a mis diarios quehaceres, entre los que se encuentran la búsqueda de las cosas que mis hijos nunca saben dónde ponen:

– ¿Es que yo tengo que saber dónde está tu teléfono? –le pregunto irritada.

– No, claro. Pero siempre es más fácil encontrarlo si tú…

– Si yo sé dónde está, ¿no?

– Ya, ya. No lo busques más.

– Ni siquiera hago el intento. ¿No es más fácil si llamas?…

– Está desconectado.

embromaste: tienes un problema.

– Entonces ¡te **embromaste**! –le digo y continúo en lo mío.

Después de un día bien ajetreado, llega la hora del sueño. Bere, que ya está de regreso en casa, después de pasar el fin de semana con su padre, parece no recordar su encargo literario. Me acerco cuando ya está instalada en su camita, para darle el beso de las buenas noches y entonces me hace la pregunta que tanto temo escuchar:

– Mami, ¿no se te olvida nada?

– No, ¿es que debo recordar algo especial? No es tu cumpleaños, ni el día del niño…

haces la loca: disimular, fingir ignorancia, hacerse el distraído.

no es para tanto: no hay que exagerar.

– Mami, ¿por qué te **haces la loca**?

– Niña, ¿qué falta de respeto es ésa? ¡Llamar a tu madre loca!

– No te hagas la ofendida… ¡**No es para tanto**! Tú sabes a qué me refiero…

– No sé de qué se trata… –digo disimulando la risa.

– Mami, ¡el cuento! Te acuerdas de que me prometiste…

– ¡Ah! ¡El cuento! Empieza por ahí… Claro que tengo el cuento, aunque no está terminado…

– No importa, mami. Lo que tienes por ahora es suficiente porque estoy tan cansada que seguro que voy a dormirme antes de que termines. ¿Puedes leerme lo que ya tienes listo?

– Bueno, bueno. Espera un momento, ya lo traigo.

hacer tiempo: expresión que se utiliza cuando estamos esperando que pase el tiempo para hacer o no hacer algo.

Me voy a mi cuarto sin mucha prisa, a buscar la computadora que he dejado, como de costumbre, al lado de la ventana. Me tomo todo mi tiempo para desenchufar el cable y recoger el adaptador. Quiero **hacer tiempo**, a ver si Bere se duerme. Pero al regresar a su cuarto, la encuentro sentada en la cama.

– ¿Todavía no te duermes?

– No mami, te espero. ¿No me vas a leer el cuento, pues?

– Sí, claro. Aquí lo traigo. No está editado, pero así está mejor. Si queremos cambiar algo, es más fácil hacerlo directamente en la computadora.

– ¿Cambiar algo? No te entiendo. ¿Ese no es tu cuento, pues?

– Sí, pero como no está terminado...

– ¡La que tiene que inventar el cuento eres tú!

– Bueno, allá voy, señorita. Pero tienes que acostarte. Es un cuento para dormir.

– ¿Qué? ¿Así de aburrido? –se ríe con picardía.

– Después me dices. Ahora escucha...

"Más allá de más nunca, cuentan que existe desde hace mucho, mucho tiempo, un lugar de sueño. Parece una ***colcha de retazos*** *en la que, hilvanados con un hilo invisible se juntan los más* ***disímiles*** *paisajes: aquí una selva, allá un lago, más allá montañas altísimas con nieves eternas, un río ancho como un mar, una cascada que cae de las nubes y hasta un desierto de arenas doradas... Dicen que hasta el mar ante el que se extiende este mágico territorio, está hecho como de trozos: playas de arena fina, salinas, acantilados, profundas fosas inexploradas y playas llanas, en las que el agua llega apenas a las rodillas y es caliente como una sopa... El remate de la colcha es de* ***encaje****, formado por la espuma de las olas. Las hay de todo tipo, color y tamaño..."*

colcha de retazos: cobertura de cama que sirve para adornar o abrigar, hecha con pedazos de tela diferentes.

disímiles: diferentes.

encaje: tipo de tejido que se caracteriza por ser calado y que representa flores, figuras... etc.

Margarita: la más grande de las islas venezolanas.

– Mami, eso me recuerda la playa aquella en **Margarita**, ¿te acuerdas?

– ¿Qué playa, hija? –le pregunto asombrada de su memoria, pues hace ya casi ocho años que no vamos a Venezuela.

– No me acuerdo de cómo se llama, pero es así, llanita y tú dices que parece una sopa de pescado.

– ¡Ah! –le digo con aparente asombro, porque esa es precisamente la playa que describo–. La playa de El Yaque, en Margarita.

– ¡Ajá! Sí, sí, esa misma: El Yaque.

– Pues sí, una playa como esa existe en el cuento. ¡Qué casualidad!

– ¿Y cómo se llama ese lugar, mami?

– No sé. No me acuerdo. Pero tú puedes darle el nombre. Al fin y al cabo es tu cuento.

viva: lista.

– ¡Qué **viva** eres! Como no se te ocurre un nombre, ahora quieres que yo lo invente...

– Bueno, bueno ¿quieres ponerle el nombre o no?

– Creo que sí. Pero tengo que pensarlo. No es cosa fácil ponerle nombre a las cosas.

– No, no es nada fácil. A las personas tampoco. Pero contigo no hay problemas: llevas el nombre de la tía Berenice y tu prima el mío. Así en casa, tanto aquí en Polonia como en Venezuela, están siempre presentes los nombres de los seres queridos ausentes, aunque los llevan otras "personitas"... Allá, lejos de aquí, está Beatriz; aquí, lejos de allá, está Berenice...

– Qué nombre le pongo... –interrumpe Bere mi disertación, en la que, un poco más y me pierdo.

– No sé. Es tu trabajo. Piensa en eso luego. Ahora escucha lo que sigue...

«Cuentan que las gentes que allí viven, generosas y alegres, también parecen hechas de retazos. Y en los rasgos y el color de la piel, llevan los signos de una mezcla intensa y apresurada, como un beso robado. Blancos, negros, indios, en un ***crisol de razas****, dan a los habitantes de estas tierras sus rasgos y su carácter. Siempre están de buen humor y siempre encuentran tiempo y razón para bromear, a lo que llaman "mamar gallo".*

crisol de razas: expresión que hace referencia a la mezcla de razas.

Su música es de incomparable belleza y variedad y la gran mayoría, si no todos los que allí viven, tienen voces hermosas y cantan al son de los instrumentos que también, en su gran mayoría, todos tocan: puede decirse que es el país de la música. Dice una vieja canción que allí se "habla ***cantando****". Y el secreto está en que "arrullamos a los niños con el himno na-*

cantando: "Venezuela habla cantando" autora: Conny Mendez.

cional". Y es que el himno de esta nación, es una antigua canción de cuna...

Hay allí riquezas increíbles, y dicen que un navegante venido de muy lejos, conmovido al ver esta tierra, la llama "Tierra de Gracia" y es tal su confusión ante tanta belleza que, sin saber si está vivo o muerto, cree estar en el Paraíso mismo...»

– Mami, ¿sabes qué? –me interrumpe Bere.

– ¿Qué? ¿Ya tienes el nombre del lugar?

– No, no. Todavía no. Pero, ¿sabes qué? Esto parece más bien un prospecto de turismo que un cuento para niños.

Me quedo tiesa al oír la opinión de mi hija. Al darse cuenta de mi embarazo, y para romper la tensión, agrega con una sonrisa y en tono de disculpa:

– Está muy bonito, pero tienes que utilizar otras palabras, no sé, tienes que probar de otra manera... El viajero es Colón, ¿no?... si él no sabe si está vivo o muerto, yo sí que estoy muerta de cansancio. Seguimos mañana, ¿sí?

– Mañana, mañana... –le digo en el mismo tono de recriminación con que ella me reclama cuando yo digo "mañana"...–. ¡Claro hijita! Que descanses. ¡Hasta mañana!

Como de costumbre, la arropo, le doy un beso y sin apagar la luz salgo del cuarto. Pienso, desalentada, que tengo que comenzar de nuevo. Ya no sé si cambiar de tema o, como dice Bere, tratarlo de otra manera. "Mañana, mañana"... Yo también estoy cansada y me tumbo en el sofá de la sala, donde me quedo profundamente dormida.

A veces me preguntan si no siento nostalgia por mi país. No tengo mucho tiempo para preocuparme por eso. Estoy tan decidida a realizarme en mis estudios, que no me ocupo más que de mí y de mis quehaceres diarios. En invierno, los días son cortos y no bastan para todo lo que quiero hacer. Pero es en esta época cuando mejor trabajo, estoy más concentrada y me rinde más el tiempo. Me gusta el frío: todos admiran lo bien que me veo, a pesar del paso de los años, y yo les digo que es gracias a que me conservo en este gigantesco congelador que es Polonia. En verano, fácilmente me distraigo: un azul intenso del cielo me recuerda "mi" cielo. Es entonces, paradójicamente, cuando más extraño el sol, la humedad del aire, las voces queridas, los olores familiares...

Pero estoy muy agradecida y feliz de pasar estos años precisamente aquí. Las personas son amables y acogedoras, y no recuerdo ningún conflicto importante relacionado con las diferencias en mi apariencia o en mi manera de comportarme.

Muy al contrario, siento que es éste uno de mis atributos más importantes: el ser diferente. No siempre tengo conciencia de esa diferencia y me integro al tumulto en la calle sin reparar en que debo parecer la oveja negra del rebaño. Al pasar por una ***vitrina*** *y verme reflejada en el cristal, me sorprende mi imagen distinta, reconocerme aún como otra dentro de un grupo que siento mío. Sobre todo al principio de mi estadía, soy objeto de una curiosidad casi enfermiza, especialmente por parte de los niños y los ancianos, en los que despierto más curiosidad. Y ni hablar de las personas del sexo opuesto, para las que resulto naturalmente... muy atractiva.*

vitrina: escaparate para exponer al público artículos de una tienda.

– ¿Sabes qué, Beatriz? Ésta es la última vez que te acompaño –me dice ***Piotr****, un americano compañero del curso de polaco en la Universidad de Cracovia, y que a diario me acompaña después de clases a la Academia de Música, a través de la inmensa Plaza Mayor de Cracovia (la mayor plaza medieval de Europa).*

Piotr: nombre polaco para Pedro.

– ¿Por qué, Piotr? –le pregunto extrañada. Nos detenemos y me dice:

– ¿Te das cuenta? Mira la "manifestación" que traemos detrás.

Me volteo y, en efecto, un grupo bastante numeroso de personas nos sigue y nos mira con curiosidad, sin disimular siquiera que nos observan.

– Así es desde nuestra salida del Instituto hasta aquí. Tú ni cuenta te das, pero yo tengo que mantenerlos a todos a raya con la mirada...

Suelto una carcajada. Tomo con mucha naturalidad, algo que a otras personas puede parecerles incómodo. Deformación profesional. Exhibicionismo, lo llaman otros. Me sonrío con todos y digo en voz alta en polaco: "¡Buenos días!". Solo en ese momento las personas que nos observan, se hacen los distraídos y dejan de seguirnos.

– Piotr, no exageres. Lo que pasa es que ya no quieres acompañarme...–le comento con simulado dejo de tristeza.

– No, Beatriz –se defiende. Pero, ¿puedes hacer esto, a la salida del Instituto?

– Si de eso depende tu compañía, ¡lo hago con gusto!

Ya estamos ante las puertas de la Academia de Música, situada en un antiguo convento que comparte con la Escuela Superior de Teatro.

– ¡Gracias Piotr! ¡Hasta la manifestación de mañana! –me río, y entro en el austero edificio, en el que paso el resto del día.

Se acerca la Navidad. Mi hermana con su hijita viene dentro de poco para pasar juntas las fiestas. Viven por ahora en Barcelona, donde Berenice (sí, sí, otra Bere) hace un doctorado. Barcelona es una ciudad fascinante. Hay ciudades que enamoran y Barcelona es una de ellas. Mi hermana también está muy a gusto allí. Tiene buenos amigos y la aprecian en la Politécnica, donde hace su curso de postgrado. Ahora estamos más cerca, nos llamamos con más frecuencia, nos vemos varias veces al año.

Se acerca la Navidad. Y este año ya van 25 Navidades pasadas lejos de casa, lejos de mi familia y mis amigos, lejos de mi país. Y creo que es la primera vez en estos 25 años que extraño la atmósfera festiva de diciembre en Caracas. Me preocupa menos porque sé que ese ambiente y esas vivencias están ahora solo en mi memoria. Y como queridos recuerdos de un valor incalculable, los atesoro y cuido día a día. Y recurro a ellos para calmar mi nostalgia en los días oscuros y monótonos del otoño que termina y el invierno que comienza. Ahora los invoco cuando trato de trenzar una historia que contarle a mi hijita de 10 años, que de Venezuela solo tiene un pálido recuerdo.

Este año vamos como todos los años a casa del hermano de Wojtek para celebrar la Navidad. Me encanta pasarlas allí, en esa casa amplia y generosa como sus dueños. Siempre está llena de gente y para las Fiestas de Navidad invitan a toda la familia, a los allegados (entre los que felizmente me encuentro) y a sus familias. Así que nos vamos todos allá, para esperar, como es tradición en Polonia, la salida de la primera estrella, para comenzar la cena. Antes de hacerlo, el dueño de casa toma una **hostia**, especialmente distribuida para esta ocasión en las iglesias, y la parte y comparte con todos los invitados. Es un momento muy emotivo que particularmente me gusta mucho. Todos se abrazan y besan en un auténtico intercambio de

hostia: trozo de pan sin fermentar que se consagra en la misa.

buenos deseos. A mi hermana y a su hijita también les gusta esta sencilla "ceremonia", y aunque lo hacen en otro idioma, todos acogen con amabilidad sus deseos de salud, prosperidad y alegría en la Navidad.

– Mami: te deseo mucha salud, mucha paciencia con nosotros, muchos conciertos... y que ¡por fin termines mi cuento!

– ¡Gracias, Bere! Antes de fin de año creo que tus deseos...

– ¡No prometas nada, mami! –me interrumpe la **carricita**–. Si lo terminas, me lo lees, y ya.

– Muy bien, hijita.

carricita: niñita

A eso de las siete de la noche, me voy adonde la tía Alicia, a ayudar en la preparación de las ***hallacas*** *para la Nochebuena. La entrada es un largo corredor, el* ***zaguán****, con el piso y las paredes, hasta un tercio de su altura, cubiertos con baldosas de colores ocre, marrón, blanco, negro. Es una casa típica de* **La Pastora***, de estilo colonial, con techo de tejas rojas y un patio interior lleno de plantas. Para entrar no se toca: simplemente se tira de la cadena que pende de la parte superior de la puerta y que se agarra a través del agujero dejado por unos cristales rotos que nunca se reponen. Al entrar, grito mi consigna:*

– ***Adioj Licha*** *o* ***Ción*** *tía Licha.*

– ¡Dios te bendiga! –me contesta desde la cocina–. ¿Cuándo viene Julieta?

– Mamá te manda a decir que viene un poco más tarde porque tiene todavía mucho que limpiar –le digo; y sigo hacia el comedor, que es el centro de la casa. Luminoso y aireado, está separado del patio tan solo por una especie de **paraván** *de madera y cristal, que le da un aire de ligereza y provisionalidad.*

hallacas: plato típico de la Navidad, a base de maíz, envuelto en hojas de plátano.

zaguán: espacio de una casa que sirve de entrada a ella.

La Pastora: barrio en la parte antigua de Caracas.

Adioj: por adiós.

Licha: diminutivo cariñoso de Alicia.

Ción: por "la bendición" (en el trato con los mayores de la familia, al saludarles se les pide la bendición).

paraván: especie de biombo.

templao: recio, de carácter firme.

– Hola "Viejo", la bendición –saludo al dueño de casa, un andino amable pero ***templao*** *a quien todos llamamos cariñosamente "el Viejo" Hernández y le doy su beso de rigor, en la frente, porque está siempre sentado ante una incontable cantidad de papelitos, escrupulosamente recortados que tienen que ver con su trabajo de contador en el mercado de Quintacrespo, pero cuya función no entiendo del todo.*

– ¿Dónde está Alix? –pregunto extrañada de no ver a mi única amiga en el barrio, la hija de ambos.

M'ija: mi hija.

la Novena: la *Novena sinfonía* de Beethoven.

– ***M'ija****, ella como que tiene un ensayo con la Filarmónica, porque está de solista en* ***la* Novena** *–dice el Viejo.*

– ¡Ah!... pero viene luego a ayudarnos con las hallacas, ¿no? Porque...

– ¡Claro que viene, Beatriz! No te preocupes –me interrumpe Alicia, que entra con una fuente llena de guiso, que suelta un aroma capaz de hacer resucitar a más de un muerto...

peluíto: peludo, con mucho pelo.

– Las hallacas, sí. Pero además tiene que afeitarme: ya estoy muy ***peluíto*** *–se ríe el Viejo.*

– Mientras esperamos a Alix, tú limpias las hojas de tender las hallacas... Aquí tienes un trapito limpio –dice "Licha" en tono amable pero que no admite discusión.

ni modo...: ¡qué se hace...!, ¡qué le vamos a hacer...!

Me planto ante el mesón en el que se amontonan las hojas de plátano ya seleccionadas, de acuerdo a su función: las de tender, las de envolver, las "fajitas" del acabado final. Con resignación comienzo mi trabajo, que me parece el menos atractivo de todos en este quehacer, pero ***ni modo****...*

– ¿Voy a poner los "adornos" también? –pregunto tímidamente.

– Depende: si nos fallan las "ayudantas", vas a tener que hacer más de una cosa –me responde la tía.

Al rato llega Alix del ensayo.

– ¡Ción mami, ción papi! –grita desde la puerta. Viene apurada, porque sabe que está retrasada.

flaca: forma cariñosa de dirigirse a una amiga.

– ¡Hola ***flaca****! ¿Desde cuándo andas por ahí? –se sorprende al verme, mientras sigue hasta el baño para lavarse las manos e incorporarse al trabajo que yo ya casi termino.*

y pico: y tantas.

– Desde hace tanto tiempo, que ya están limpias unas ochenta ***y pico*** *de hojas de tender hallacas... –digo en tono de reproche.*

– Ah pues, yo hago el resto. Son cien, ¿no, mami? –pregunta Alix despreocupada.

– Ciento veinte –dice Licha desde la cocina, porque aparte de las de Julieta y las nuestras, hay que hacer las de Ramón...

– ¡Ah! –exclama Alix con un entusiasmo inversamente proporcional a la cantidad de hojas que le quedan por limpiar...

– Lo prometido es deuda –y le entrego con una sonrisa de triunfo el pañito de limpiar las hojas de plátano–. ¿Qué otra cosa puedo hacer, Licha? –pregunto con la esperanza de que la tía me dé un trabajo más interesante.

– Pues ayuda a Alix a limpiar el resto de las hojas. Mientras más pronto terminen con eso, más pronto pueden tenderse las hallacas –y me entrega otro pañito limpio. Alix, que no puede contenerse, me dice entre risas:

ahorita mismo: enseguida.

en un dos por tres: rápidamente.

– ¡Ay, flaquita! ¿Por qué te pones brava? Ya vas a ver que ***ahorita mismo*** *limpiamos esas hojas,* ***en un dos por tres****. No es para tanto, flaca... Entre las dos terminamos más rápido. Y después, cuando mami, Julieta y Elizabeth tiendan, nosotras nos tomamos un descansito. Luego agrega en tono confidencial y con voz cada vez menos audible:*

– Tenemos que prepararnos, porque hoy hay misa de

aguinaldo en La Pastora. Y después nos quedamos en la plaza, en la patinada.

– ¿En la patinada? Mi mamá seguro que no me deja ir. Ya sabes cómo es... Además, no tengo patines.

– No importa, yo te presto los míos. Tienes que cambiarte, porque con esos ***zapatos de goma*** *no puedes ajustarte los patines... –agrega, ya en abierto tono de confabulación.*

zapatos de goma: zapatos deportivos, bambas.

*Seguro que quiere encontrarse con el novio, y por eso anda con tanto misterio. Y a mí me lleva de "****lamparita****". Bueno, yo por eso no me ofendo.*

lamparita: chaperona, alcahueta.

Me quedo pensativa, entre esperanzada y asustada. Es una hermosa costumbre la de hacer ***las misas de aguinaldo*** *durante la semana anterior a la Navidad, con villancicos acompañados por instrumentos tradicionales: cuatro, tambora, furruco, maracas, sonajas, etc. Cada día la misa es preparada por un grupo diferente de parroquianos... Es raro que esas costumbres se conserven en la ciudad. Todavía son comunes en la provincia, como en Turmero, el pueblo natal de papá, donde voy cada año en vacaciones de Semana Santa y antes de Navidad. Allí, con una tía de mi padre, a quien llamamos cariñosamente la abuela Herminia, nos levantamos de madrugada, vamos a la misa, cantamos y luego la abuela se regresa a casa y me deja en la plaza, donde patino hasta el amanecer. Pero en la ciudad, es otra cosa. Hoy es la misa de los estudiantes en la iglesia de nuestra parroquia y Alix seguramente está invitada, para que cante los solos. En eso llega mi madre, que ya ha terminado con la limpieza, otro ritual de Navidad... Ya tiemblo, ante la idea de pedirle permiso.*

las misas de aguinaldo: misas de madrugada.

– Bueno, ya la cosa está muy avanzada... –comenta mi madre al entrar.

– Bueh... aquí estamos –dice Alix, con aburrimiento–. Ya podemos empezar a tender las hallacas. Y Elizabeth, ¿no viene?

– No, está resfriada. Pide que la disculpen, pero en ese estado no puede hacer comida, ¿no?

– Entonces, mami ¿puedo ayudar con el adorno? –me aseguro.

– Creo que no hay otra salida –la tía Alicia aclara mi dudosa situación.

¡qué chévere!: estupendo, formidable.

*– ¡**Qué chévere**! –me refriego las manos con alegría.*

onoto: colorante natural, de color parecido al azafrán.

pimentón: pimiento.

pabilo: hilo de algodón grueso, cordón.

*Nos sentamos alrededor del sólido mesón del comedor. En el centro reposan una bandeja grande con la masa de maíz ya coloreada con el **onoto**, una escudilla enorme con el guiso ya frío y, en platos separados, el adorno: trozos de tocino, pasitas, aceitunas, aros de cebolla, trozos de **pimentón**, rebanadas de huevo duro. Alicia, que dirige todo el procedimiento con gestos ágiles y precisos, toma la masa y la divide en pedazos, que amasa en forma de bola y coloca a un lado de la bandeja. Mi madre y Alix, que no paran de conversar sobre los temas más variados, las expanden en una capa fina sobre las hojas que previamente han engrasado con la manteca derretida y coloreada también con onoto. Luego las colocan una sobre la otra. No puedo esperar el momento en que viertan el guiso sobre la masa para poder colocar el resto de los ingredientes. Al fin llega el tan esperado momento, y la tía Alicia, como una sacerdotisa, vierte el guiso sobre la masa que ya reposa en las hojas verdes y relucientes como una dorada moneda, y me la pasa para ponerle ¡el adorno!, cosa que hago con el entusiasmo del que ya bastante ha mirado y quiere ahora participar. Luego con un par de gestos lo envuelve todo en una especie de sobre contenedor de la más sabrosa noticia para la Nochebuena. Alix y mi mamá la imitan y en un momento la mesa se llena de hallacas. El Viejo, con su sonrisa oculta bajo el bigote, las amarra con **pabilo** y luego se las lleva a la cocina, para co-*

cerlas en una olla inmensa. Así transcurre la velada. Ya es casi media noche.

–Julieta, ¿Beatriz puede ir conmigo esta noche a la misa de aguinaldos?

– ¿Quiénes cantan esta noche? –pregunta mi mamá.

– Hoy es la misa de los estudiantes –dice Alix en voz baja, mientras mira a su madre de reojo y le hace señas a Julieta de que no haga preguntas indiscretas…

– Ah… ¿los maestros? –disimula Julieta mientras le dirige a Alix una sonrisa tranquilizadora.

– Sí, sí. Me han invitado a cantar unos solos esta noche. No he dicho antes porque imagino que están ya muy cansadas después de hacer tantas hallacas… Además si el Viejo se entera, a lo mejor no me deja ir, ya sabes…

De repente, se produce un milagro, y mi madre dice:

– ¿Qué tal si vamos juntas? Así Beatriz se queda un rato en la patinada…

nos hemos salido con la nuestra: hemos conseguido lo que queríamos.

Alix y yo nos miramos, sorprendidas pero alegres. ***¡Nos hemos salido con la nuestra****! Sin esperar a que mi madre cambie de parecer, me voy corriendo a casa, a cambiarme los zapatos.*

Pasan los días y el famoso cuento de mi hija aún está sin terminar. Las obligaciones de la casa y el trabajo parecen multiplicarse como por arte de magia, y no me permiten dedicarme ni un segundo a otra cosa que no esté relacionada con ellas. Bere está cansada después de un agitado día en el colegio. Hace días que ni pregunta si escribo, tanto trabajo tiene la pobre también con sus deberes escolares. Cada vez con más frecuencia me quedo dormida mientras Bere se prepara para ir a la cama y me despierto en medio de la noche, **aterida**

aterida: pasmada de frío.

y con los miembros adoloridos, después de pasar un par de horas en alguna posición incómoda. Esta noche, el viento sopla con mucha fuerza. Bere me despierta:

–Mami, mami. ¿Me acompañas en el cuarto? No puedo dormir con este viento…

– Mmmm… Ay Bere, para qué me molestas. ¿No ves que estoy cansada?

– Sí mami, disculpa, pero es que tengo miedo. El viento hace un ruido…

–Está bien, pues. Vamos a tu cuarto –le digo mientras estiro los brazos para acabar de despertarme y disimulo un enorme bostezo.

fulano: palabra que se utiliza para nombrar a alguien de quien no sabemos su nombre o no lo queremos decir.

– Mami, ¿y qué hay del **fulano** cuento que…?

– ¿Cómo que fulano? ¡Nuestro cuento! Lo escribo poco a poco. Ya ves, con tanto trabajo no me sobra mucho tiempo para esos lujos… Yo sí que tengo suerte para los cuentos…

Todos los años para Navidad, en la tienda de chocolates Savoy de la Avenida Urdaneta, arreglan la vitrina con motivos pascuales. Este año, hay un San Nicolás mecánico de tamaño natural que se mueve y se ríe a grandes voces "¡Jo, jo, jo, jo!". Y esta tarde vamos a verlo con mi hermanita Berenice. Nos lleva el primo Edgardo porque, aunque no está lejos de casa, hay que atravesar un par de avenidas muy transitadas. Esperamos a mamá que regresa a las cinco del trabajo para pedirle permiso. Pero mi mamá no llega todavía y se hace tarde…

– ¡Vamos muchachas! –dice Edgardo–. Se hace tarde y nos cierran la "Savoy". ¿Quieren ver el San Nicolás, o no?

– Sí primo, pero es que mamá no está. Y tenemos que pedirle permiso.

– ¡Qué permiso ni qué nada! Tenemos que irnos ya, porque si no, nos cierran la tienda. Bueno, si ustedes quieren se quedan y esperan a Julieta. ¡Yo me voy!

– Espera "Egardito" –le ruego–. Seguro que mamá viene "ahoritica" mismo…

– ¿Tú sabes qué hora es?

– No, no sé leer la hora…

– Son ya las cinco y media –me dice señalando el reloj sobre la ***alacena*** *del comedor–. La aguja grande está en el seis y la chiquita en el cinco, ¿ves? –me dice en tono paternal.*

alacena: armario.

– Pero es que tengo miedo de que si no pido permiso…

– ¡Ay Beatriz, qué boba eres! Vamos, vamos, que nos cierran. ¡Ya venimos, mamaíta! –Edgardo pega un grito desde el zaguán y sin esperar la reacción de la abuela, nos vamos con paso apresurado al encuentro con San Nicolás.

La tarde de diciembre está espléndida. El cielo es de un azul intenso y las nubes, ***cúmulos*** *gordos de bordes resplandecientes, pasan en un lento desfile.* ***El Ávila*** *esta reverdecido, después de las lluvias. El aire es límpido y tan transparente que hasta vemos los carritos del teleférico.*

cúmulos: conjunto de nubes con apariencia de montañas nevadas.

El Ávila: montaña del valle de Caracas, parque nacional.

*¡Qué felicidad! Vamos calle abajo, tomadas de la mano de nuestro primo, dando saltitos de alegría y canturreando alguna canción de las que aprendo en el "****kinder****" y que solícita le enseño a mi hermanita menor. Un poco mayor que nosotras, nuestro primo Edgardo es un magnífico compañero de juegos y travesuras. Conoce todos los secretos de la casa de la abuela y hasta puede, misteriosamente, pasar de un piso al otro de la casa, sin usar las escaleras…*

kinder: colegio para niños muy pequeños.

El camino se hace largo, no podemos esperar ver a San Nicolás… Ya pasamos el Palacio de Miraflores, el Puente Llaguno, el Correo de la esquina de Carmelitas, la Santa

Capilla y la Escuela Superior de Música, donde va mi amiga Alix (y donde quiero ir al cumplir los ocho años, pero ahora es que falta...). Y sin darnos cuenta, llegamos. Boquiabiertas de admiración, contemplamos en silencio el decorado: en el centro de la vitrina que ocupa casi en su totalidad y con una sonrisa encantadora, está el San Nicolás con su traje de terciopelo rojo, bordeado de ***marabú*** *o algo por el estilo. Mueve lentamente los brazos extendidos hacia el público que se aproxima a la tienda, y lo invita a pasar. Al mismo tiempo mueve la cabeza y ¡se ríe a carcajadas! Estamos extasiadas. Edgardo, muy satisfecho comenta:*

marabú: adorno hecho de plumas de marabú, un ave semejante a la cigüeña.

– ¿No les dije que está bien bonito?

– Sí primo, es bellísimo –digo sin quitar la mirada de la figura que una y otra vez repite el mismo gesto y una vez más se ríe con su risa metálica.

– ¡El ***venadito*** *también se mueve! –dice Bere sorprendida.*

venadito: cervatillo.

– No es un venado, Bere, es un reno –dice Edgardo en tono explicativo, pero sin hacer burla de la ingenuidad de la primita más pequeña.

– ¡Qué bonitos los regalos! Seguro que dentro hay chocolates...

– Beatriz, son cajas vacías. ¿Tú crees que van a envolver los chocolates para ponerlos en la exhibición y no venderlos?

Así transcurre un buen rato. Edgardo escucha con paciencia nuestros comentarios, responde a nuestras preguntas y se ríe de nuestras ocurrencias. Comienza a oscurecer y un poco preocupada porque se hace tarde, y estamos sin permiso, le digo a Edgardo que ya es hora de volver.

– ¿Regresar a casa? ***¡Qué va!*** *Ahora es cuando esto se pone interesante, porque en la oscuridad se ve mejor el efecto de las luces...*

¡qué va!: ni hablar.

Mueve lentamente los brazos extendidos hacia el público que se aproxima a la tienda, y lo invita a pasar.

– Pero Edgardo, no tenemos permiso, y ya es de noche –digo ya asustada.

gafa: tonta, boba.

– ¡Pero qué **gafa** *eres! Ya que estamos aquí, lo vemos con las luces encendidas y después nos vamos, ¿ok?*

– Bueno… –digo ya sin fuerzas para discutir. Y me dejo convencer ante la perspectiva de admirar al San Nicolás con la iluminación especial, que, mientras más oscuro está, mejor se ve.

– Un momentico, ya vuelvo –dice de repente Edgardo y desaparece en el interior de la tienda.

No tengo idea de cuánto tiempo ha transcurrido desde nuestra llegada, pero me parece que ha sido solo un instante. Junto con Bere, no podemos quitarle la vista de encima al San Nicolás de blanca barba. Cada detalle de la vestimenta, el peinado, la decoración, es objeto de un comentario por nuestra parte. Al ratico regresa Edgardo.

recortes: sobrantes de la confección de golosinas, que se venden al peso (por kilogramos).

– Aquí tienen. Son **"recortes"** *de chocolate y galletas Susy, para comer en el camino.*

– ¡Gracias! –decimos al unísono.

– ¿Ya nos vamos? –pregunta Bere con una vocecita que delata que no tiene ganas de regresar a casa.

– Sí, sí. Tenemos que volver ahora mismo –dice el primo, ahora evidentemente preocupado por lo tarde que se hace.

más contentas que unas pascuas: expresión que significa "muy contentas".

Bere y yo, ***más contentas que unas pascuas*** *en el camino de regreso nos comemos los sabrosos recortes que el primo ha comprado, al tiempo que comentamos lo bien que lo hemos pasado. Estamos cansadas pero felices. Y sin darnos cuenta, llegamos a casa.*

Edgardo, que se ha adelantado un poco al final del camino, abre la puerta y entra de primero.

– ¿De dónde vienen ustedes? –escucho la voz de mamá que no presagia nada bueno…

– De la Avenida Urdaneta. Hoy en la vitrina han puesto a San Nicolás –comienza a explicar Edgardo– y yo…

en esa facha: expresión que significa "con ese aspecto, con esa vestimenta".

– ¡En la Avenida Urdaneta! ¿Desde cuándo tú vas ***en esa facha*** *hasta la avenida Urdaneta? –me pregunta mi madre ya francamente enfurecida–. Ustedes tan campantes, y la abuela y yo preocupadas porque no sabemos por dónde andan y con quién. Muy mal hecho Edgardo, no debes hacer eso de salir con las muchachas sin permiso. ¡Y si les pasa algo! ¿Tú eres loco? Ya son casi las ocho de la noche, y esas niñas andan por ahí… Y ya sin más preámbulos, fuera de sí, mi madre nos asienta unos buenos* ***sopetones*** *a mí y a Edgardo. La pobre Bere se queda petrificada, viendo* ***la pela*** *que con toda razón nos da Julieta, más por susto que por enojo.*

sopetón: golpe fuerte dado con la mano.

la pela: una paliza, una serie de golpes.

Edgardo se zafa rápidamente y es a mí a quien le toca recibir el embate de la furia de mi madre, potenciada por el miedo contenido durante nuestra ausencia.

Pasado el primer momento de dolor, pienso, mientras entre sollozos me seco las lágrimas y me limpio la nariz llena de mocos, que todo es por culpa de Edgardo, por no esperar el regreso de mi mamá y pedirle permiso. Al rato se aparece mi primo cabizbajo:

– ¿Te duele mucho, Beatriz? –pregunta arrepentido y compadecido de mi estado. Asiento con la cabeza. Trato de decir algo pero los sollozos me lo impiden.

– A mí también me han "pelado". Tienes razón. Ha sido culpa mía. Pero, ¿sabes?, ¡te puedo dibujar un cuento!

Levanto la vista y veo que tiene un cuaderno de dibujo y un lápiz. Se instala a mi lado en la cama y comienza a contarme las historias que ya conozco, pero que en sus ágiles manos toman forma de preciosos dibujos que fluyen junto con las palabras. Me olvido de mi "tragedia" y embebida en el relato de Edgardo, no le quito la vista al cuaderno que se va poblando de princesas de vestidos suntuosos y largas cabelleras, de príncipes hermosísimos, dragones, hadas. Ya más tranquila, me sonrío en señal de que le disculpo y le digo, después de darle un beso:

– No importa primo: ¡"Un gusto, un susto"!

Bere, que escucha atentamente las aventuras y desventuras de mamá–niña, me dice:

– Mami, pero la abuela Julieta no es así de brava...

– Ya no, pero en aquel entonces...

– Bueno, menos mal que ahora no es así. Ya tú estás grande y no haces travesuras.

– No, ya no hago travesuras. Al menos no de ese tipo. Además no tengo a quién pedirle permiso.

– ¿Cómo que no? ¿Y nosotros?

– Es lo único que me falta, tener que pedirle permiso a mis propios hijos... A propósito, ¿se te ha pasado el miedo y puedo irme a dormir a mi cuarto?

– ¿Te fijas, mami? ¡Me has pedido permiso! –se ríe Bere alborozada–. Claro, mami, ya te puedes ir, el viento ya no hace tanto ruido. Y, ¿sabes qué? Creo que puedes contarme esas historias tuyas. Son más entretenidas que el cuento que nunca puedes acabar...

– Ah... el cuento. Seguro que mañana...

– Mami, mami. ¡Eres incorregible! No escribas ya más nada. Prefiero que me cuentes el cuento de tu vida.

– ¿En serio? ¡Como quieras! Y ahora ¡a dormir! ¡Hasta mañana, Bere!

– ¡Hasta mañana, mami!

EXPLOTACIÓN DIDÁCTICA

EJERCICIOS PARA EL ALUMNO

Lecturas de Español es una colección de historias breves especialmente pensadas para los estudiantes de español como lengua extranjera. Los cuentos han sido escritos, teniendo en cuenta, básica pero no únicamente, una progresión gramático-funcional secuenciada en seis etapas, de las cuales las dos primeras corresponderían a un nivel inicial de aprendizaje, las dos segundas a un nivel intermedio, y las dos últimas al nivel superior. Como resultado de la mencionada secuenciación, el estudiante puede tener contacto con textos escritos "complejos" ya desde los primeros momentos del aprendizaje y puede hacer un seguimiento más puntual de sus progresos.

Las aportaciones didácticas de ***Lecturas de Español*** son fundamentalmente dos:

- notas léxicas y culturales al margen, que permiten al alumno acceder, de forma inmediata, a la información necesaria para una comprensión más exacta del texto.
- explotaciones didácticas amplias y variadas que no se limiten a un aprovechamiento meramente instrumental del texto, sino que vayan más allá de los clásicos ejercicios de "comprensión lectora", y que permitan ejercitar tanto otras destrezas como también cuestiones puntuales de gramática y léxico. El tipo de ejercicios que aparecen en las explotaciones permite asimismo llevar este material al aula ampliando, de esa manera, el número de materiales complementarios que el profesor puede incorporar a sus clases.

Con respecto a los autores, hemos querido contar con narradores capaces de elaborar historias atractivas, pero que además sean –condición casi indispensable– expertos profesores de E/LE, para que estén más sensibilizados con el tipo de problemas con que se enfrenta un estudiante de español como lengua extranjera.

Las narraciones, que no se inscriben dentro de un mismo "género literario", **nunca son adaptaciones** de obras, **sino originales** creados *ex profeso* para el fin que persiguen, y en ellas se ha intentado conjugar tanto amenidad como valor didáctico, todo ello teniendo siempre presente al lector, una persona joven o adulta con intereses variados.

PRIMERA PARTE
Comprensión lectora

1. **Señala si las siguientes oraciones son verdaderas o falsas.**

a) Tenteallá es una bebida típica de Venezuela.

❑ Verdadero ❑ Falso

b) Beatriz tira a la basura una sopa de remolacha fermentada.

❑ Verdadero ❑ Falso

c) Beatriz no puede escribir el cuento para Bere porque se va de viaje.

❑ Verdadero ❑ Falso

d) Buba, la madre de Marta, no puede dormir cuando Beatriz está en su casa.

❑ Verdadero ❑ Falso

e) Bere se va a Wroclaw un fin de semana con su padre.

❑ Verdadero ❑ Falso

f) Beatriz siempre va a la misma frutería.

❑ Verdadero ❑ Falso

g) Bere tiene que pensar un nombre para la playa del cuento de su madre.

❑ Verdadero ❑ Falso

h) Cuando Beatriz pasea por las calles en Cracovia, todo el mundo la mira porque es diferente a los polacos.

❑ Verdadero ❑ Falso

i) Beatriz no va con su primo y su hermana a la tienda de chocolates Savoy porque su madre no quiere.

❑ Verdadero ❑ Falso

j) Edgardo compra en la tienda de chocolates Savoy unos recortes de chocolate y galleta Susy.

❑ Verdadero ❑ Falso

2. Elige la opción correcta:

1) ¿Cuál es la fruta que le compra a Beatriz su padre?
- ☐ a) Nísperos.
- ☐ b) Guayabas.
- ☐ c) Mangos.

2) ¿Por qué Beatriz va a Polonia?
- ☐ a) Porque le gusta el frío.
- ☐ b) Porque quiere desarrollar su carrera profesional.
- ☐ c) Porque no le gusta Venezuela.

3) ¿Cuántos hijos tiene Beatriz?
- ☐ a) Un hijo y una hija.
- ☐ b) Una hija y dos hijos.
- ☐ c) Una hija.

4) ¿Cuál es la nacionalidad de Piotr, el amigo de Bea?
- ☐ a) Polaco.
- ☐ b) Venezolano.
- ☐ c) Estadounidense.

5) ¿Quién vive en Barcelona?
- ☐ a) Bere, la hija de Beatriz.
- ☐ b) La hermana de Beatriz.
- ☐ c) Unos amigos de Beatriz.

6) ¿Cuándo empieza la Navidad en Polonia?
- ☐ a) A eso de las siete de la tarde.
- ☐ b) A las diez de la noche.
- ☐ c) Cuando sale la primera estrella.

7) ¿Qué le gusta hacer a Beatriz cuando prepara las hallacas?
- ☐ a) El adorno.
- ☐ b) Limpiar las hojas.
- ☐ c) Hacer la masa.

8) ¿Qué cuento le cuenta Beatriz a su hija finalmente?
- ☐ a) Caperucita Roja.
- ☐ b) El "cuento" de su vida.
- ☐ c) Un cuento de Navidad.

SEGUNDA PARTE
Gramática y léxico

1. **Clasifica las siguientes palabras en frutas y verduras.**

• Tomates • Mangos • Maíz • Cambures • Piñas • Aguacates
• Zanahorias • Papas • Manzanas • Nísperos • Remolachas • Peras
• Pepinos • Kiwis • Ajos • Naranjas • Cebollas • Mandarinas •

FRUTAS	VERDURAS

2. **Las siguientes comidas, ¿son dulces o saladas?**

Arepitas: ☐ Dulce ☐ Salado

Hallacas: ☐ Dulce ☐ Salado

Pasteles: ☐ Dulce ☐ Salado

3. En la historia dicen que Venezuela tiene muchos paisajes, ¿puedes relacionarlos con sus fotografías correspondientes?

a) Acantilado
b) Cascada
c) Desierto
d) Lago
e) Mar
f) Montaña
g) Playa
h) Río
i) Selva

4. A continuación tienes una serie de adjetivos que pueden funcionar con el verbo *ser*, con el verbo *estar* o con ambos.

Ser •

Estar •

- absortos
- boba
- gafa
- cansada
- amable
- serbia
- ocupada
- terminado
- viva
- quieto

Escribe frases con los usos que se te ocurran y pídele a tu profesor que te las corrija.

a) ....
b) ....
c) ....
d) ....
e) ....
f) ....

5. En el texto aparecen algunas frases hechas, ¿puedes relacionarlas con su significado?

Ponerse brava •	• Tener un problema
Estar hecho •	• Lentamente
A paso de tortuga •	• De una vez
De un tiro •	• No hay que exagerar
No decir ni pío •	• Disimular
Embromarse •	• Asunto arreglado
Hacerse la loca •	• Rápidamente
No ser para tanto •	• No decir ni una palabra
En un dos por tres •	• Enfadarse

6. En esta historia hemos visto las estructuras gramaticales *"más* + adjetivo/adverbio + *que"* que usamos para expresar comparación de superioridad.

Busca las frases en el texto en las que aparezca esta estructura.

a) ....
b) ....
c) ....
d) ....
e) ....
f) ....

Teniendo en cuenta estas estructuras, crea 10 frases similares sobre hechos relacionados con tu vida.

1. ....
2. ....
3. ....
4. ....
5. ....
6. ....
7. ....
8. ....
9. ....
10. ....

7. Tienes una línea que señala más y menos, ¿puedes colocar en su lugar correspondiente los adverbios *muy, un poco, nada* y *bastante*? Las siguientes frases del texto pueden ayudarte.

"Tengo un poco más de tiempo para escribir el cuento".
"Estoy muy cansada, Bere".
"¡No prometas nada, Mami!".
"Un grupo bastante numeroso de personas nos sigue".

\+ |————————|————————|————————| –

....

Ahora escribe tú una frase con cada uno de esos elementos.

a) ....
b) ....
c) ....
d) ....

8. Habrás observado que toda la historia está narrada en presente. La autora utiliza el presente también para hablar del pasado. Se llama *presente histórico*. Estos párrafos cuentan la primera impresión de Beatriz cuando llegó a la ciudad de Cracovia. Vuelve a escribir el texto en pasado. Presta atención al uso del pretérito imperfecto e indefinido.

Cracovia es una ciudad oscura, con la oscuridad que cada día, a medida que se acerca el invierno, se hace más temprana...Es lo que primero y más me impresiona del nuevo sitio en el que voy a vivir durante los cuatro próximos años de mi estadía en este país.

Pero me sorprende la seguridad que hay en sus calles. A cualquier hora del día o de la noche, puede caminarse con tranquilidad, incluso por los rincones más tenebrosos, con la neblina más densa. Me siento entonces como un personaje de una película de suspenso y me imagino en una callejuela de Londres a fines del siglo XIX... Escucho el rítmico taconear de mis pasos apresurados y me figuro que algún peligro me acecha. Me saca de mi fantasía un amable "¡Buenas noches!" del primer transeúnte que encuentro a mi paso.

9. En el texto aparecen algunos instrumentos, relaciona cada uno de ellos con la fotografía correspondiente.

1 

2 

3 

4 

5 

A. **Maraca**: Instrumento musical de percusión formado por un mango con una especie de bola hueca en uno de sus extremos y lleno de semillas u otros materiales semejantes, que suenan al agitarlo.

B. **Furruco**: Instrumento musical en forma de cilindro hueco, abierto por uno de sus extremos y cerrado por el otro por una piel tirante, en cuyo centro tiene sujeto un palo.

C. **Sonaja**: Instrumento musical formado por un aro de madera con una serie de ranuras en las que van colocados pares de chapas.

D. **Cuatro**: Guitarra pequeña de cuatro cuerdas.

E. **Tambora**: Instrumento musical de percusión de forma cilíndrica, cubierto por sus bases con una piel tensa y que se toca con una maza.

TERCERA PARTE

Expresión escrita

1. Lee la siguiente conversación entre Beatriz y el Bere. Ahora escribe un párrafo en el que cuentas la conversación que tuvieron las dos, usando el estilo indirecto.

– Mamá, ¿me cuentas un cuento?

Todas las noches antes de dormir, le cuento a mi hija un cuento.

– A ver, ¿cuál quieres? ¿El de Caperucita Roja? *–pregunto sin mucho entusiasmo.*

– No, ese no, mami. Me lo sé ya de memoria. Lo mismo que el de Blanca Nieves y los siete enanitos…

– Un cuento, un cuento… –digo sin pensar, mientras miro el reloj con impaciencia y recuerdo todo lo que me falta por hacer: fregar, limpiar la cocina, revisar la correspondencia…

– ¿Por qué no inventas uno? –insiste Bere, que así interrumpe mi callada letanía con la aún larga lista de mis deberes.

– Estoy muy cansada Bere. Mañana invento un cuento.

2. A Beatriz le gusta cocinar y preparar platos tradicionales. Recuerda cómo nos cuenta la preparación de las hallacas:

"Nos sentamos alrededor del sólido mesón del comedor. En el centro reposan una bandeja grande con la masa de maíz ya coloreada con el onoto, una escudilla enorme con el guiso ya frío y, en platos separados, el adorno: trozos de tocino, pasitas, aceitunas, aros de cebolla, trozos de pimentón, rebanadas de huevo duro. Alicia, que dirige todo el procedimiento con gestos ágiles y precisos, toma la masa y la divide en pedazos, que amasa en forma de bola y coloca a un lado de la bandeja. Mi madre y Alix, que no paran de conversar sobre los temas más variados, las expanden en una capa fina sobre las hojas que previamente han engrasado con la manteca derretida y coloreada también con onoto. Luego las colocan una sobre la otra. No puedo esperar el momento en que viertan el guiso sobre la masa para poder colocar el resto de los ingredientes. Al fin llega el tan esperado momento, y la tía Alicia, como una sacerdotisa vierte el

guiso sobre la masa que ya reposa en las hojas verdes y relucientes como una dorada moneda, y me la pasa para ponerle ¡el adorno!, cosa que hago con el entusiasmo del que ya bastante ha mirado y quiere ahora participar. Luego con un par de gestos lo envuelve todo en una especie de sobre contenedor de la más sabrosa noticia para la Nochebuena".

¿Sabes preparar algún plato típico de tu país? Escribe un pequeño texto explicando cómo se prepara ese plato.

3. **Dicen que la sociedad actual se caracteriza por la incomunicación y la gente utiliza otros medios para conocer gente y hacer amigos. Es muy popular conocer gente a través de Internet, ¿quieres conocer a Beatriz y contarle cómo eres? Escríbele un correo electrónico a Beatriz presentándote.**

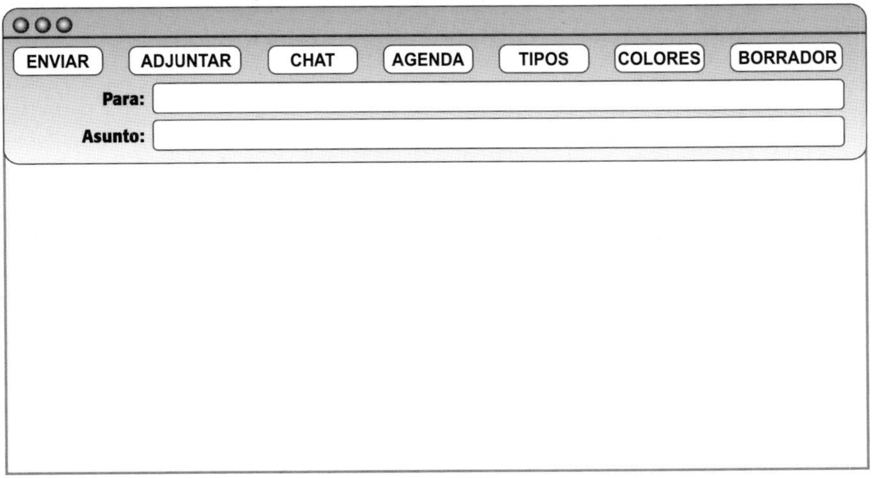

4. Beatriz nos ha contado que en el pasado recibía cartas que tardaban mucho tiempo en llegar y ahora recibe correos electrónicos que son inmediatos. También nos ha contado que antes los teléfonos eran fijos y actualmente usamos teléfonos móviles. ¿Qué otras cosas han cambiado radicalmente en los últimos años? Haz una lista con las que recuerdas.

ANTES	AHORA
Cartas	Correos electrónicos
Teléfono fijo	Teléfono móvil
....	....
....	....
....	....
....	....
....	....
....	....
....	....
....	....

5. A menudo, cuando viajamos, comparamos los lugares a los que vamos con los lugares en los que vivimos. Piensa en tu último viaje y escribe un pequeño texto contando las diferencias y semejanzas que descubriste.

....

....

....

....

....

....

....

....

....

....

....

CUARTA PARTE

Expresión oral

1. **La protagonista nos cuenta cómo es la Navidad en Polonia y en Venezuela. ¿Cómo se celebra en tu familia? Coméntalo con tus compañeros. Si en tu país hay otro tipo de celebraciones no relacionadas con la Navidad, ¿cómo son?, ¿cómo las celebras?**

2. **En la historia aparecen muchos platos típicos, pero muchas veces nuestro plato preferido no es un plato típico de nuestro país. ¿Cuál es tu plato preferido? ¿Por qué? ¿Qué cosas no te gustan de la comida de tu país? Habla con tu compañero de tus gustos gastronómicos.**

3. **A la protagonista le sorprende la seguridad que hay en Polonia y la amabilidad de la gente. ¿Qué te sorprende a ti de otras ciudades y países que conoces y por qué?**

4. **El hijo de Beatriz pasa su tiempo libre jugando en la computadora y Beatriz piensa que su hijo *"es tan talentoso y pierde el tiempo en esos juegos. Algunos parecen interesantes, pero otros parecen estar hechos para desahogar los instintos destructivos y darle salida al exceso de energía y a la agresividad de los jóvenes, sin que tengan que mover más de dos dedos"*. Este conflicto generacional entre padres e hijos aparece en muchos ámbitos, comenta con tus compañeros qué no entiendes de los jóvenes de hoy y qué no entienden tus mayores de los comportamientos de tu generación.**

5. **La protagonista es venezolana y vive en Polonia. Buba es serbia y también vive en Polonia. ¿Crees que es dura la vida del inmigrante? ¿Qué es lo más difícil para ellos?**

6. **Dice Beatriz que en Cracovia la casa de su profesora es *"un apartamento pequeño, para mis proporciones venezolanas"*. Las dimensiones de los pisos y las casas, lo que entendemos por grande o pequeño, varían en función de muchos factores, entre los que se**

encuentran algunos de índole sociocultural. Comenta con tus compañeros cómo son vuestras casas.

7. **En la infancia y en la adolescencia solemos utilizar palabras o expresiones que son propias de nuestra forma de hablar o de nombrar. Comenta con tus compañeros algunas de esas palabras o expresiones propias de tu mundo. Intenta recordar cómo las creaste y trata de traducirlas al español.**

8. **Nos cuenta Beatriz cómo su madre se enfada con su primo y con ella y termina pegándoles: *"Y ya sin más preámbulos, fuera de sí, mi madre nos asienta unos buenos sopetones a mí y a Edgardo. La pobre Bere se queda petrificada, viendo la pela que con toda razón nos da Julieta, más por susto que por enojo"*. Algunas personas opinan que nunca se debe pegar a un niño, mientras que otros consideran que en algunos casos está justificado. ¿Cuál es tu opinión en este tema? Coméntalo con tus compañeros.**

SOLUCIONES

Antes de empezar a leer

1. Caperucita Roja; Blancanieves; El gato con botas; La bella y la bestia; Barba Azul.

3. a) abuela; b) hermano; c) prima; d) nieto; e) suegra; f) yerno.

4. 1D; 2E; 3A; 4B; 5C.

5. 1C; 2E; 3A; 4B; 5D.

6. 1a; 2c; 3b; 4b; 5a.

Párate un momento

1. a. V; b. F; c. V; d. V; e. F.

2. 1. Platos, 3. Sartenes, 4. Cubiertos, 8. Ollas.

3. 1. para; 2. por; 3. por; 4. para; 5. Para, por; 6. Por; 7. por; 8. por; 9. para, para; 10. para.

4. 1E; 2H; 3G; 4A; 5F; 6C; 7B; 8D.

5. Venezuela: b, e; Polonia en los 80: a; Polonia en la actualidad: c, d.

EXPLOTACIÓN DIDÁCTICA
Comprensión lectora

1. a-F; b-V; c-F; d-F; e-V; f-V; g-V; h-V; i-F; j-V.

2. 1a; 2b; 3b; 4c; 5b; 6c; 7a; 8b.

Gramática y léxico

1. Frutas: Manzanas; Peras; Mandarinas; Naranjas; Piñas; Kiwis; Aguacates; Cambures; Mangos; Nísperos.
   Verduras: Zanahorias; Papas; Tomates; Cebollas; Remolachas; Pepinos; Maíz; Ajos.
2. Dulces: arepitas; pasteles.
   Saladas: hallacas.
3. 1i; 2d; 3f; 4h; 5e; 6b; 7c; 8g; 9a.
4. Ser: gafa, boba, amable, servia, viva.
   Estar: absortos, cansada, ocupada, terminado, viva, quieto.
5. Ponerse brava – Enfadarse
   Estar hecho – Asunto arreglado
   A paso de tortuga – Lentamente
   De un tiro – De una vez
   No decir ni pío – No decir ni una palabra
   Embromarse – Tener un problema
   Hacerse la loca – Disimular
   No ser para tanto – No hay que exagerar
   En un dos por tres – Rápidamente
6. Más triste que brava.
   Más cansancio que entusiasmo.
   Más asco que ganas.
   Más contentas que unas pascuas.
   Más por susto que por enojo.
   Más entretenidas que el cuento.
7. muy — bastante — un poco — nada
   \+ |———|———|———| –
8. Cracovia era una ciudad oscura, con la oscuridad de cada día, a medida que se acercaba el invierno, se hacía más temprana... Fue lo que primero y más me impresionó del nuevo sitio en el que iba a vivir durante los cuatro próximos años de mi estadía en este país.

Pero me sorprendió la seguridad que había en sus calles. A cualquier hora del día o de la noche, se podía caminar con tranquilidad, incluso por los rincones más tenebrosos, con la neblina más densa. Me sentí entonces como un personaje de una película de suspenso y me imaginé en una callejuela de Londres a fines del siglo XIX... Escuché el rítmico taconear de mis pasos apresurados y me figuré que algún peligro me acechaba. Me sacó de mi fantasía un amable "¡Buenas noches!" del primer transeúnte que encontré a mi paso.

9. 1D; 2E; 3B; 4A; 5C.

LECTURAS GRADUADAS

E-I **Amnesia**
José L. Ocasar Ariza
ISBN: 978-84-89756-72-4

E-I **La peña**
José Carlos Ortega Moreno
ISBN: 978-84-95986-05-4

E-I **Historia de una distancia**
Pablo Daniel González-Cremona
ISBN: 978-84-89756-38-0

E-I **Carnaval**
Ramón Fernández Numen
ISBN: 978-84-95986-91-7

E-II **Paisaje de otoño**
Ana M.ª Carretero Giménez
ISBN: 978-84-89756-74-8

E-II **El ascensor**
Ana Isabel Blanco Picado
ISBN: 978-84-89756-24-3

E-II **Manuela**
Eva García y Flavia Puppo
ISBN: 978-84-95986-64-1

E-II **El paraguas blanco**
Pilar Díaz Ballesteros
ISBN: 978-84-9848-126-6

E-II **El secreto de Diana**
Luisa Rodríguez Sordo
ISBN: 978-84-9848-128-0

I-I **Muerte entre muñecos**
Julio Ruiz Melero
ISBN: 978-84-89756-70-0

I-I **Azahar**
Jorge Gironés Morcillo
ISBN: 978-84-89756-39-7

I-I **Memorias de septiembre**
Susana Grande Aguado
ISBN: 978-84-89756-73-1

I-I **La biblioteca**
Isabel Marijuán Adrián
ISBN: 978-84-89756-23-6

I-II **Llegó tarde a la cita**
Víctor Benítez Canfranc
ISBN: 978-84-95986-07-8

I-II **Destino Bogotá**
Jan Peter Nauta
ISBN: 978-84-95986-89-4

I-II **En agosto del 77 nacías tú**
Pedro García García
ISBN: 978-84-95986-65-8

I-II **Las aventuras de Tron**
Francisco Casquero Pérez
ISBN: 978-84-95986-87-0

S-I **Los labios de Bárbara**
David Carrión Sánchez
ISBN: 978-84-85789-91-7

S-I **La cucaracha**
Raquel Romero Guillemas
ISBN: 978-84-89756-40-3

S-I **A los muertos no les gusta la fotografía**
Manuel Rebollar Barro
ISBN: 978-84-95986-88-7

S-I **El encuentro**
Iñaki Tarrés Chamorro
ISBN: 978-84-89756-25-0

S-II **Una música tan triste**
José L. Ocasar Ariza
ISBN: 978-84-89756-88-5

S-II **La última novela**
Abel A. Murcia Soriano
ISBN: 978-84-95986-66-5

HISTORIAS DE HISPANOAMÉRICA

E-I **Presente perpetuo**
Gerardo Beltrán
ISBN: 978-84-9848-035-1

E-II **Regreso a las raíces**
Luz Janeth Ospina
ISBN: 978-84-95986-93-1

E-II **Con amor y con palabras**
Pedro Rodríguez Valladares
ISBN: 978-84-95986-95-5

I-I **El cuento de mi vida**
Beatriz Blanco
ISBN: 978-84-9848-124-2

I-II **Volver**
Raquel Horche Lahera
ISBN: 978-84-9848-125-9

HISTORIAS PARA LEER Y ESCUCHAR (INCLUYE CD)

E-I **Carnaval**
Ramón Fernández Numen
ISBN: 978-84-95986-92-4

E-I **Presente perpetuo**
Gerardo Beltrán
ISBN: 978-84-9848-036-8

E-II **Manuela**
Eva García y Flavia Puppo
ISBN: 978-84-95986-58-0

E-II **El paraguas blanco**
Pilar Díaz Ballesteros
ISBN: 978-84-9848-127-3

E-II **Con amor y con palabras**
Pedro Rodríguez Valladares
ISBN: 978-84-95986-96-2

E-II **Regreso a las raíces**
Luz Janeth Ospina
ISBN: 978-84-95986-94-8

I-I **Volver**
Raquel Horche Lahera
ISBN: 978-84-9848-140-2

I-II **En agosto del 77 nacías tú**
Pedro García García
ISBN: 978-84-95986-59-7

S-II **La última novela**
Abel A. Murcia Soriano
ISBN: 978-84-95986-60-3

S-I **A los muertos no les gusta la fotografía**
Manuel Rebollar
ISBN: 978-84-95986-90-0

Niveles:

E-I → Elemental I E-II → Elemental II I-I → Intermedio I I-II → Intermedio II S-I → Superior I S-II → Superior II